ブックガイドシリーズ　基本の30冊

宗教学

大　田　俊　寛

人文書院

目　次

はじめに——宗教の四段階構造論

第1部　祖先崇拝の論理
　フュステル・ド・クーランジュ『古代都市』……………………24
　加地伸行『儒教とは何か』……………………………………31
　柳田國男『先祖の話』…………………………………………37

第2部　宗教の基礎理論
　ロバートソン・スミス『セム族の宗教』…………………………44
　ジェイムズ・G・フレイザー『金枝篇』…………………………50
　エミール・デュルケム『宗教生活の原初形態』………………56
　ジークムント・フロイト『トーテムとタブー』……………………63
　　コラム①　「フィクション」という概念

第3部　中世における政治と宗教
　マルセル・パコー『テオクラシー』………………………………72
　エルンスト・H・カントーロヴィチ『王の二つの身体』……………79
　菊池良生『戦うハプスブルク家』…………………………………86
　井筒俊彦『イスラーム文化』………………………………………92
　　コラム②　政治神学とは何か

第4部　近代の国家・社会・宗教
　トマス・ホッブズ『リヴァイアサン』……………………………100
　マックス・ヴェーバー『プロテスタンティズムの倫理と資本主義の精神』

　　　　　…………………………………………………………………………… 107
　　森孝一『宗教からよむ「アメリカ」』…………………… 114
　　村上重良『ほんみち不敬事件』…………………………… 121
　　南原繁『国家と宗教』……………………………………… 127
　　　コラム③　キリスト教を理解するには

第5部　個人心理と宗教
　　フリードリヒ・シュライアマハー『宗教について』…………… 136
　　ウィリアム・ジェイムズ『宗教的経験の諸相』………………… 143
　　アンリ・エレンベルガー『無意識の発見』……………………… 150
　　ラルフ・アリソン『「私」が，私でない人たち』……………… 157
　　E・キュブラー・ロス『死ぬ瞬間』……………………………… 163

第6部　シャーマニズムの水脈
　　ミルチア・エリアーデ『シャーマニズム』……………………… 170
　　I・M・ルイス『エクスタシーの人類学』……………………… 177
　　上田紀行『スリランカの悪魔祓い』……………………………… 184
　　　コラム④　心霊現象と多重人格

第7部　人格改造による全体主義的コミューンの形成
　　ハナ・アーレント『全体主義の起原』…………………………… 192
　　チャールズ・リンドホルム『カリスマ』………………………… 199
　　米本和広『洗脳の楽園』…………………………………………… 206
　　　コラム⑤　現代における究極的イニシエーション

第8部　新興宗教・カルトの問題

横山茂雄『聖別された肉体』……………………………………… 214

小川忠『原理主義とは何か』……………………………………… 221

大田俊寛『オウム真理教の精神史』……………………………… 228

はじめに……宗教の四段階構造論

理論と体系を欠いた危うい「学」——宗教学の再構築に向けて

　大変に気の重いことではあるが，日本の宗教学の現状について裏表なく論じようとすれば，オウム真理教をめぐる一連の事件との関係について触れないわけにはゆかない。1995年3月20日に発生した地下鉄サリン事件を筆頭に，数々の凄惨な事件を引き起こした同教団に対して，当時の宗教学は，確固とした学問的立場や見識を示すことができなかった。それどころか日本の宗教学は，オウム真理教の成立と発展を，陰に陽に後押しさえしてしまったのである。いわく，「狂気がなければ宗教じゃない」（中沢新一），「仏教の伝統を正しく受け継いでいる」（島田裕巳）と。日本の宗教学にとってオウム問題は，自身の存在意義や存立基盤に関わる水準の事柄であり，そのことは今でも，何ら変わっていない。

　紛れもない「破壊的カルト」の一つであったと言わざるを得ない同教団に対し，日本の宗教学は，なぜ判断を誤ってしまったのだろうか。時代状況にまつわる偶発的な諸要因はさておき，そのもっとも大きな理由を指摘するなら，それは宗教学において，真っ当な「学」と呼ばれ得るに足る理論や体系が根本的に欠如していたからであると思われる。実際のところ，現在の日本の宗教学では，特定の理論的パースペクティブや分析手法が研究者たちのあいだで共有されておらず，多くのケースで宗教学者は，自身が研究対象とする宗教について，独自の手法や価値判断に基づいて考察を進めている。

一言で言うなら，宗教学が有するある面で「自由」な，しかしその反面から見れば「放恣」でしかない体質が，オウムに関する判断や対応の誤りを導いたと，私には思われるのである。オウム事件以後，宗教学者たちは全般的にその言動に慎重を期すようになったが，遺憾なことに，宗教学が全体として抱えているこうした危うい構造は，現在も根本的には改善されていない。

　宗教学は，19世紀後半のヨーロッパで誕生した近代的学問の一つである。中世を支配したキリスト教的伝統の重圧や桎梏から解放され，宗教学は当初，数々の理論を積極的かつ大胆に展開した。しかしながら，およそ150年に及ぶその後の宗教学の歩みは，順調なものであったとは言い難い。宗教学は，一方で，西洋優越史観や科学万能論といった近代主義的潮流，また他方で，ロマン主義やニューエイジといった反近代主義的潮流により，自らの足場を絶えず揺るがされ続けた。そして今や宗教学は，宗教に関する一般理論の構築という当初の目的を，放棄・断念したかにさえ見える。

　近代の諸制度を成り立たせているもっとも枢要な原理が，いわゆる「政教分離」原則であることからも明らかなように，宗教に対するスタンスの取り方は，雑多な諸要素のなかの一つというわけではなく，実は近代の基盤そのものを形成している。そうした事実から鑑みれば，近代学の一つに過ぎない宗教学が，自らの拠って立つ基盤に関わる宗教という対象を十分に反省的・客観的に把握するということ自体が，そもそもきわめて困難な課題であると言わなければならない。しかし，むしろそのような困難を抱えているからこそ，宗教学には，われわれの生きている時代をより深く思考させるための根源的な力が秘められているのではないだろうか。

　あらゆる先入見を排し，宗教学や宗教研究のこれまでの蓄積を改

めて吟味し直すこと、そして同時に、宗教に関する一般理論の構築という、宗教学の当初の目的を取り戻すこと。私にはそれが、現在の宗教学にとって喫緊の課題であるように思われる。そこで以下では、紙幅の都合上きわめて簡略的な記述にならざるを得ないが、一人の宗教学者である私自身が、宗教史の大枠をどのように捉えているのかということについて、図式的な説明を示しておきたい。

宗教と呪術

　宗教的現象の全体像を理解する上で、最初に指摘しなければならないのは、多くの研究者が論じてきたように、それが二つの対極的な傾向から成り立っているということである。すなわち、「宗教」の裏側には、「呪術」と呼ばれる領域が影のように付き纏っており、宗教的現象の総体を理解するためには、常にこの両者の関係に着目しなければならない。それではまず、表側にある「宗教」とは何だろうか。その基礎的な構造について確認しておこう。

　聖書に記された天地創造や処女懐胎の伝承であれ、古事記に見られる天孫降臨の神話であれ、さまざまな宗教においては、通常の自然現象を超えた、ときに荒唐無稽にも思われる物語が数多く描かれている。近代初頭の啓蒙思想においては、これらは概して前時代的「迷信」と捉えられ、科学的な知識が十分に普及すれば、やがては廃れてゆくだろうと考えられた。しかし、すでに科学が高度に発達した現在に至ってもなお、われわれはこれらの宗教的物語から完全に自由になっているわけではない。果たしてそれはなぜだろうか。

　一言で言えばその理由は、人間が常に、さまざまな様式の「共同体」を形成することによって生を営む存在であるから、と考えることができる。家族、教会、会社、国家など、その規模や様式は時と

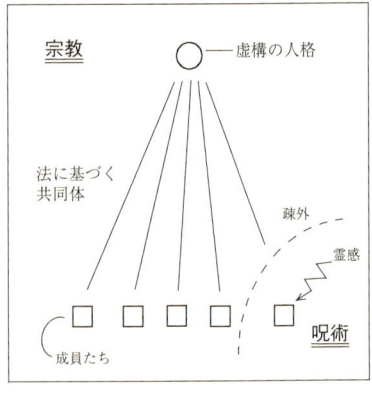

場所に応じてさまざまだが、人間が生存してゆくためには、何らかの形の共同体を欠かすことができない。そしてそれらの共同体は常に、祖霊、神、法人、王統など、現実には存在しない「虚構の人格」を中心に据えることよって成り立っている（簡潔に図式化すれば、共同体は常に、左のようなツリー状の形式によって構成される）。

　そして言うまでもなく、それらの多くの共同体は、一つの世代で完結するものではなく、幾世代もの長期間にわたって存在し続ける。ゆえにそこでは、特定の生身の人間がある一定の期間において代表や指導者の地位に就くとしても、それとは別の水準で、共同体が世代を越えて存在し続けること、また、たとえその成員がすべて入れ替わったとしても、共同体そのものは同一であり続けるということを保証する象徴的存在、すなわち「虚構の人格」が、必然的に要請されるのである。

　「虚構の人格」は、共同体の成員たちに対して、どのように生きるべきかという規範や道徳を、より厳密に言えば、「法」を告知する。共同体は、そうした法を紐帯として結成されるのである。

　「虚構の人格」を中心に掲げ、そこから発せられる「法」を紐帯として、「共同体」を結成すること。われわれは宗教の基本構造を、以上のようなものと理解することができるだろう。「虚構の人格」も「法」も「共同体」も、現実には自然的根拠を持たない、本質的

はじめに……宗教の四段階構造論　11

にフィクショナルな存在に過ぎない。しかし人間たちは、それらが実在すると信じることによって、社会的諸制度を維持し、世代から世代へと生を紡いできたのである。宗教が現在も消滅しないのは、こうした社会構築の様式を、人々がなお必要としているからであると考えることができる。

　しかし同時にわれわれは、次のことにも目を向けなければならない。それは、特定の宗教的信仰によって形成される共同体のシステムは、決して完璧には作動することがない、ということである。そこには常に何らかの要因で綻びが発生し、それにより、共同体にうまく馴染むことができない人間、疎外される人間が生み出されることになる。そしてそうした疎外感は、多様な症候を伴う心身の不調として表面化する。その際に、被疎外者はしばしば、特殊な意識状態（「変性意識」や「トランス」、あるいは「解離」と称される）のなかで、霊的諸存在と直接的に交流するようになるのである。

　被疎外者が交流する霊的諸存在は、共同体で崇拝される「虚構の人格」と表面的には似通っているように見えるものの、実際にはまったく別種の次元に位置している。「虚構の人格」が、個々人に対してあくまで超越的な存在である一方、それらの霊的存在は、特定の個人の心身奥深くにまで侵入する。また、前者が公的性質を帯びるのに対して、後者は私秘的な存在に留まる。そして人々は、そのような諸霊に対して、表立っては口にすることを憚られる種類の願望や呪詛を託すのである。

　個人が霊に憑依されるという現象においては、まず最初に、悲哀・孤独・怨恨・罪責感・心的外傷といった否定的感情の横溢が見られるが、人は諸霊との交流を深めることにより、次第にそうした感情をコントロールすることができるようになる。そしてそのプロ

セスを通して、やがては心身の不調から解放されることにもなるのである。その意味でこれらの現象は、原始的な医療行為としての役割をも担っている。われわれはこうした領域全般を、「呪術」と総称することにしよう。

宗教の四段階構造論

以上のように、まず「宗教」とは、虚構の人格を中心に掲げ、言語によって公示される法を紐帯とし、共同体を結成することを意味する。それに対して「呪術」とは、個人が心身において感得する霊的諸存在が蠢く領域を指す。宗教的領域の裏側には、常にこうした呪術的領域が隠されているのである。

それでは、対極的な傾向を有するこの両者は、歴史的にどのような相互関係を形作ってきたのだろうか。私自身は、人類史の全体をマクロな視点から捉えた場合、「虚構の人格」を中心とする宗教的体制は、原始・古代・中世・近代という四つの段階を経ながら変化・発展してきた、またそれに応じて、宗教と呪術の各領域が機能分化してきた、と考えている(その全体像は、下図によって示される)。以下では、各段階の概要を簡潔に説明することにしよう。

時代	原始	古代	中世	近代
共同体	家族・氏族	民族	王権と教権	国民国家
信仰形態	祖霊信仰	多神教	一神教	主権
主要原理	血統	武勇	福祉・普遍倫理	法・抑制均衡

	原始	古代	中世	近代
㊗宗教㊗ 法＝言語の領域	家長・族長	王＝祭司	王・諸侯 祭司長	官僚制 君主・大統領 祭司
㊗呪術㊗ 霊＝心身の領域		霊能者	霊能者 神秘家	霊能者 神秘家 精神科医・心理学者

1）原始の祖霊信仰

　宗教が歴史上，最初にどのような仕方で出現したかということについて，宗教学では未だに定説が確立されていないが，多くの研究者が同意するであろう点は，それが「死」に関する思索から生まれた，ということである。原始の人々は，さまざまな生物が死によって生命を失った後もなお，存続してゆく何かがあると考えた。その存在は一般に，「霊」や「魂」と称される。古今東西の多様な文化のなかで，これらに該当する概念や言葉を持たなかったものは存在しなかった，と言っても過言ではないだろう。

　霊や魂を世界のなかでどのように位置づけるかということは，文化によってまさに千差万別である。初期の宗教学において「自然崇拝」（マックス・ミュラー）や「アニミズム」（E・B・タイラー）等の用語で名指されたように，原始的信仰には，人間や動物のみならず，鉱物や植物や天体等を含め，世界のすべてが霊魂で満たされていると考えるケースが多く見受けられる。しかし，多種多様な霊魂のなかでも特に重視されているのは，明らかに「祖霊（祖先の霊）」という存在である。

　人類の原始的な共同体は，狩猟採集を主な生活手段とし，血縁や地縁を基礎とする小規模なものであった。そのなかで人々は，家族や氏族の血統を重視し，共同体の先人を「祖霊」として崇拝する信仰を保持していたと想定される。

　この段階の信仰形態においては，宗教と呪術の機能分化は，明確な形では未だ発生していない。共同体は，何らかの仕方で表象される「祖霊」（「祖神」「氏神」「トーテム」等を含む）を中心として形成され，現行の共同体の成員と祖霊との交流（コミュニオン）を実現するため，供犠や聖火崇拝といった各種の儀礼が執行された。そして，諸儀礼にお

いて祖霊が召喚される際には，さまざまな呪術的・シャーマニズム的技法が，主要な役割を果たしたのである。原始共同体の長は，自らが祖霊の継承者であることを儀礼的に演出することによって，宗教や政治の主宰者としての地位を確立した。そして彼は，多くのケースでは同時に，医療者や占い師といった呪術的役割をも兼ね備えていたのである。

2）古代の多神教（民族宗教）

　生活の糧を得る主な手段が，狩猟採集から農耕へと移行することによって，人口は徐々に増加し，共同体の規模も拡大していった。また，農耕のための定住生活が一般化するにつれて，氏族や部族のあいだでは，土地支配をめぐる戦争がしばしば行われるようになった。そして，戦争に勝利した一族は，自らを「貴族」と位置づけ，敗れた一族を「奴隷」的な地位に落としたのである。

　また，貴族のなかでも特に有力な者，強大な武力を備えた者は，「王」という称号を名乗った。こうして，王を頂点とする国家組織，並びに，王・貴族・平民・奴隷といった諸階級から成る古代的身分制度が形成されていった。そこでは依然として，血縁や地縁が重要な意味を持っていたが，次第にそれらを超え，言語や文化，自然環境の共通性を基盤とする「民族」的なアイデンティティが育まれていったのである。

　このような仕方で形成された民族的共同体は，しかし実際には，その内部に多くの氏族や部族，職業集団，階級等を内包した多元的集合体であった。共同体の内部では，それらの部分的集団の存在を象徴するために，多種多様な神々が祀られた。また，神々の相互関係を叙述する神話や神統記が盛んに作成され，そうした物語におい

はじめに……宗教の四段階構造論

て王族は概して、神々のヒエラルキーの頂点に君臨する神と密接に結びついた存在として描かれることになった。

民族宗教はもっぱら、土地支配の正当性を証立てるための役割を果たした。その信仰において主に祈念されたのは、食物の豊かな実りと、戦争での勝利である。政治支配者（王）と祭祀主宰者（祭司）は、ときに別々の人間によって担われたものの、その両者が完全に分離するということはなかった。王はしばしば、神の化身やその末裔と見なされ、また祭司は、王権の神聖性を演出するための諸儀礼を遂行したのである。

このように古代社会においては、未だ素朴で小規模な形態ではあれ、国家と呼び得る水準の共同体が形成され、同時に、それを基礎づけるための神話や儀礼が整えられた。しかしながらそこでは、あらゆる宗教的信仰が、国家秩序の内部に吸収されたわけではない。そうした包摂を逃れた、あるいはそこから排除されたさまざまな信仰が、国家の外部や周縁部に存在し続けたのである。それらは一般に「民間信仰」と称される。

これらの信仰については、正確な歴史的記録が乏しく、内容も雑多であるため、全体像を把握するのが著しく困難だが、その代表例は、「シャーマン」や「巫者」といった霊能者の働きに見ることができる。彼らは、明確な組織を作り上げることなく、もっぱら個人で活動し、死者の供養、祟りや災厄の祓い、祈祷、占いなど、庶民から持ち掛けられるさまざまなニーズに応じたのである。われわれはこの段階に、宗教的領域と呪術的領域の最初の分化を認めることができるだろう。

3）中世の一神教（世界宗教）

　古代に成立した民族的共同体や国家は，相互に抗争を繰り返し，そのなかのいくつかは，「帝国」と称される規模にまで成長していった。それに伴い，広域的支配を可能とするような法体系や官僚制度も，萌芽的な形成を見せた。しかし他方，そうした強大な国家によって支配・抑圧される人々が増加するにつれ，民族宗教的な信仰形態に対する根本的な疑義も提示されるようになった。すなわち，民族的排他性，戦争による勝利の賛美，階級的身分制度の正当化といった事柄が，本当に倫理的に正しいものと見なし得るのかという異議申し立てが行われ始めたのである。そのような動きのなかから，民族の枠組みを超えた新たな宗教形態である「世界宗教」が誕生することになる。

　世界宗教の代表例は，周知のように，仏教，キリスト教，イスラム教の三者である。仏教の開祖であるゴータマ・シッダールタは，釈迦族の王族の一人として生を受けたものの，この世のすべては苦に満ちていると考えるようになり（一切皆苦），王位継承者としての身分を捨てて出家し，苦からの解放（解脱）を実現するための道を説いた。また「キリスト（メシア）」とは，元来は「油注がれた者」を意味し，ユダヤ教において具体的には，神ヤハウェの承認と祝福を受けたユダヤ民族の強力な王を指し示す言葉であった。ところがキリスト教においてそれは，自らの死によって全人類の罪を贖う世界的救済者へと，その姿を変容させている。さらにイスラム教では，部族の血統や掟に支配された旧来のアラブ社会の状況が「ジャーヒリーヤ（無明時代）」と捉えられ，偶像崇拝的な多神教を放棄し，唯一神アッラーに帰依すべきことが説かれた。

　全体としてこれらの世界宗教では，民族的優越性や排他性を伴う

信仰形態が退けられ，唯一普遍の神的存在に対する崇拝と，その下での万人の平等，および，将来の救済と破滅を分かつ善悪の基準の明示などに力点が置かれていることが見て取れる。

　古代的な民族宗教において，民族の繁栄をもたらす重要な手段として武勇が賛美されたのに対して，世界宗教においては，武力の専横な行使が批判の対象とされ，それに代わって，弱者や貧者を苦難から解放することが重視された。仏教，キリスト教，イスラム教はそれぞれ，サンガ，教会，ウンマという共同体を作り上げたが，それらにおいては，様式や程度の違いはあれ，弱者救済や相互扶助を目的とした諸制度が整えられたのである。それらの組織は，中世の社会を支える重要な構成要素の一つとなった（またそれが，現代的な福祉観の源流を形成していることも見逃すことはできない）。中世においてもなお，民族的紐帯に依拠した世俗権力（王権）は根強く存在し続けたが，世界宗教の共同体（教権）は，別種の理念に基づく組織としてそれに並び立ったのである。中世社会の一般的特色は，王権と教権が並存し，両者の複雑な相互関係に立脚した統治が行われた点に見出すことができる。

　世界宗教の諸思想では，現実世界を超越した形而上的世界についての考察や，普遍倫理の探求が行われ，それに伴い，高度な神学や教学，宗教法の体系が発達した。しかしその一方，言葉や文字によっては神の究極的リアリティを把握することはできないと主張する流派も現れた。いわゆる，「神秘主義」や「密教」と称される潮流である。それらにおいては，内面世界への沈潜や厳しい修行の実践によって日常的自我を超脱し，神との一体化を実現することが目指された。また，神秘主義や密教の運動は，日本の「修験道」に典型例の一つを見ることができるように，しばしば各種のシャーマニズ

ムや民間信仰とも混淆していったのである。

　しかしながら，神や霊との直接的な触れ合いを求めるこれらの「呪術」的潮流が，世界宗教の主流派から常に歓迎・容認されたというわけではない。むしろそこには，個々の神秘体験が過度に重要視される一方，聖典や聖職者の権威が軽んじられるなど，共同体の秩序を根底から揺るがす危険性が孕まれていたため，それらはときに「邪教」や「異端」として厳しく排斥された。また，霊との接触によって引き起こされる心身の症状が常軌を逸した水準にまで達した場合，それは「悪霊」や「悪魔」が憑依した証拠と見なされ，悪霊祓い（エクソシズム）の対象ともなったのである。

４）近代の国家主権
　先に述べたように，中世においては，王や諸侯といった世俗権力に並んで，世界宗教に基づく共同体が形成されることにより，王権と教権の「二重権力」の構造が現出した。このような体制は世界の各所で見られたが，そのもっとも典型的なケースと考えられるのは，ヨーロッパのキリスト教社会の状況である。他の世界宗教と比較しても，キリスト教においては当初から，政治的権力と宗教的権威を区別するための構図が一層根底的なレベルで内包されていた（「神の国」と「地の国」の峻別や，聖典と法体系の分離等）。そして，ヨーロッパにおいて展開された世俗権力とキリスト教権力の相克を切っ掛けに，近代的な政教体制が生み出されることになったため，以下では特に，その経緯について略述することにしよう。

　西ローマ帝国が５世紀に滅亡した後，ゲルマン諸族が建設した新たな国家とカトリック教会は，相互に手を携えながら成長した。前者がカトリックを唯一の真正な宗教と認める一方，後者は王に「塗

油」を施すことにより，その支配の正当性を証立てたのである。

　しかし，両者の協調関係は長くは続かなかった。11世紀に入ると，王権と教権は特に，聖職者の叙任権をめぐって鋭く対立するようになる（叙任権闘争）。さらに16世紀には，教会による世俗権力への介入に関して，キリスト教の内部から反対運動が勃興し，「宗教改革」へと発展していった。ヨーロッパ社会は今や，カトリックとプロテスタントという信仰上の差異によって，対立と抗争を繰り返すようになったのである。

　こうした状況を受けて発案されたのが，いわゆる「社会契約論」である。その代表的理論家であるホッブズとルソーはともに，王権と教権による「二重権力」の構造こそが，社会を不安定化させる根本的要因であると捉え，それに代えて，人民の契約によって創設される国家に「主権」の地位を付与するべきであると唱えた。ホッブズの『リヴァイアサン』によれば主権国家とは，「平和と防衛とを人間に保障する地上の神」なのである。われわれはここに，近代社会の統治の任を担う新たな「虚構の人格」と，それを基礎づけるための理論＝神話が作り上げられるのを見ることができるだろう。

　古代や中世の国家が，各種の神的存在によって根拠づけられていたのに対して，近代の国家は，原則として人間によって根拠づけられる。すなわち近代国家は，自由な主体としての平等な権利（基本的人権）を有する諸個人の合意によって形成されるのである。こうした理論に基づき，古代的民族宗教の観念に由来する貴族・平民・奴隷の区別や，中世的世界宗教の観念に由来する聖職者と俗人の区別は，次第に廃棄されていった。また近代においては，人間の理性的能力が最大限尊重されると同時に，それが一定の限界の枠内にあること，常に可謬的かつ可変的なものに過ぎないことが意識された。

ゆえに, 従来の普遍的・固定的な倫理観や善悪二元論に代えて, 人間の判断を批判的に検証し続けるための体制, すなわち, 三権分立に見られるような「抑制均衡」(チェック・アンド・バランス)のシステムが, さまざまな領域で整備されていったのである。

　国家は基本的に, 議会で決定される「法」に則って運営される。近代以前において法は, 神的起源や伝統の観念に基づく神聖性と永遠性のオーラを帯びていたが, 近代の法は, あくまで諸個人の合意によって形成される可変的なものであり, 個人や団体間の権利を調整するための手段の一つと捉えられる。また法は, 改めて言うまでもなく, 遥か原始社会にその淵源を有し, 歴史の過程において, 不文の慣習法から明確な法理を備えた実定法へと徐々に精緻化されていったのだが, それは近代の「法治主義」において, ついに社会を隅々にまで支配するに至る。それとともに, 法に基づいて行政を遂行するための人的機構として, 官僚制が高度に発達する。

　このように, 近代の国家と社会は, 精緻かつ柔軟な法体系と官僚制を基軸として運営されるが, 他の宗教的要素が, その体制から完全に姿を消したというわけではない。日本の天皇制に顕著なように, 前近代的な王権はしばしば, 国家の統合性を具体的に表象するものとして, 立憲君主制という枠組みにおいて残存し続ける(それ以外の多くの共和制国家では, 大統領がその位置を占める)。また, 世界宗教を始めとする旧来の諸宗教は, 政教分離の原則によって政治的領域から切り離されながらも, 「信教の自由」に基づく自発的な活動を保障され, 国家の手の及ばない領域に対する福祉の提供や, 国家の枠組みとは異なる世界的あるいは地域的コミュニティの形成に寄与することになったのである。

　近代における「呪術」的領域の概要についても瞥見しておこう。

はじめに……宗教の四段階構造論

霊能や神秘主義といった潮流は、依然として社会の周縁部に留まりながらも、根強く存在し続ける。伝統的な諸宗教が勢力を弱めた結果として、「スピリチュアリズム」を始め、新たな死生観を提唱する諸運動の勃興が見られた。また、19世紀に登場したロマン主義においては、宗教はもっぱら「心のなかの現象」と捉えられ、その観点から、古今東西の神秘主義が肯定的に再評価されるようになった。古来の呪術的伝統と現代科学を放恣に混淆させるオカルティズムやニューエイジの潮流は、ときに大衆的なブームを生じさせる。こうした現象においては、特定の霊能者や神秘家がカリスマ的地位を獲得し、その人物を中心として、新宗教や「カルト」の活動が繰り広げられることもある。さらには、ナチズムにその典型例が認められるように、霊感に鼓舞された革命指導者が登場し、国家そのものを全体主義的に統治するに至るケースさえ存在する。

さまざまな霊現象や神秘体験に関し、近代に現出した顕著な特色は、精神医学的・心理学的なアプローチが取られるようになったことである。官僚的な医療システムが発達し、精神医学や脳科学の知見が蓄積された結果、異常な精神症状は、現在では科学的分析の対象の一つとなっている。今や霊能者や神秘家は、ときに一人の「患者」として扱われるのである。しかしそこには、こうした現象に付随する社会的問題性が看過され、病院内の密室にすべてが覆い隠されてしまうという危険が孕まれてもいるだろう。霊的現象を核とする諸信仰は、歴史の過程のなかで徐々に周縁化されていったが、近代においてその傾向は、一つの極点にまで達したのである。

あくまで、現時点において私個人が思い描いている図式を示したものに過ぎないが、一般に「宗教」と呼ばれる現象は、簡単に素描

しただけでも，上述のような歴史的諸段階と，それに伴う多様性を備えている（念のために注記すれば，ある段階の宗教は，それ以前の段階の諸要素を何らかの形で引きずり続けるため，実際には相当に複雑な構造となる）。個々の宗教現象について客観的な分析を試みようとする場合には，まずはこうした図式に照らしながら，その現象が歴史全体において占める位置を把握しておくことが，必要不可欠の第一歩となるだろう。

　本書では，宗教についてさまざまな方法・側面からアプローチした30冊の書物が紹介されるが，それらは，宗教理解において重要かつ鋭利な視点を提供している書物，あるいは，今日的な観点からすれば何らかの問題を抱えてはいるものの，宗教に関する諸事象を考察する上で避けて通れない次元を示している書物である。私自身，一人の読者としてこれらの書物に出会うことによって，宗教についての理解を深めてきた。私がここで示したような宗教史の図式に賛同するのであれ，それとは別の見解に到達するのであれ，読者が本書で紹介した書物に触れることを切っ掛けに，宗教学の再構築に向けた議論に加わっていただけるようになれば，著者としてこれに勝る喜びはない。

（文中の記述では，便宜上すべての敬称を略した。ご了承いただきたい。）

第1部

祖先崇拝の論理

フュステル・ド・クーランジュ

『古代都市』
La Cité Antique, 1864

田辺貞之助訳, 白水社, 1961 年

―― 「死者崇拝」の上に築かれた古代社会の秩序――

　古代ギリシャ・ローマは, ヨーロッパの人々にとって長いあいだ, 自らの姿を映す鏡として存在してきた。それは, ヨーロッパ文明の遙かな源流として親近感を抱くことのできる対象であり, また, 現在の自身のあり方を批判的に再考するための尺度ともなってきたのである。それに比較すれば, 聖書に表出されたヘブライズムの伝統すら, 傍流の一つでしかなかったと見なし得るかもしれない。

　しかしクーランジュは, こうした歴史観に疑問を投じる。果たして現代のわれわれは, 古代ギリシャ・ローマの伝統を直接的に継承していると言い得るのだろうか。むしろ両者のあいだには, きわめて深い切断線が横たわっているのではないか。古代文化の姿を正確に捉えるためには, その基盤となっていた諸制度の性質を, さらには, 諸制度の深層に存在した「信仰」の様相を探究しなければならない――。こうして彼は, 古代ギリシャ・ローマの都市国家が成立する以前の原始社会の信仰から, その叙述を始めることになる。

家族宗教における祖先崇拝――竈神と聖火
　「国家」と呼び得るような規模の共同体が未だ存在しなかった時

代，ギリシャやローマの人々は、何を拠り所に生を営んでいたのだろうか。クーランジュによれば、それは「家族」であり、そしてその社会は、「死者の霊魂」に対する信仰の上に成立していた。後のヨーロッパでは、ギリシャ哲学やキリスト教神学に基づく複雑な霊魂観が発達したが、最古のそれは、きわめて素朴なものであった。すなわち古代の人々は、身内に死者が出ると、彼の遺骸を墓に葬り、そして彼の魂もまた、その場所で生き続けると考えたのである。彼らは墓に供物を捧げ、霊魂の死後の幸福を祈った。祖霊を供養し続けることは子孫の義務であり、またその行為への参加によって、家族に属する者の外縁が決定された。他方、供養を受けない霊魂は、悪霊や怨霊と化し、社会に災厄をもたらすと考えられた。

祖霊に対する祭祀は、家のなかでも行われた。家において中心的位置を占めたのは、食生活の基盤となる「竈(かまど)」である。竈に火が灯されることは、祖霊の来臨を示す証しと見なされた。竈のそばには祭壇が設けられ、祖霊のための酒や食物が捧げられた。こうして人々は、祖霊と共に「聖なる食事（聖餐）」に与ったのである。竈を神と見なす信仰は、後にローマの「ウェスタ」、ギリシャの「ヘスティア」という女神への信仰として発展したが、クーランジュはその原型を、家族内の祖霊崇拝にあったと想定している。

墓や竈に対する信仰によって、それらが据えられた土地もまた、代々の先祖たちによって受け継がれてきた、一族の神聖な所有物であると見なされた。その信仰は、単に精神的な意味を有していただけではなく、家族による土地の領有を正当化するという社会的な意味をも有していたのである。

古代の人々にとって、家族の紐帯は何より重要な事柄であり、彼らはその血統を断絶させないように、最大限の注意を払った。血統

が絶えて祭祀が行われなくなることは，先祖代々の諸霊を永遠の不幸に追い落とすことになると同時に，家族の解体をも意味したからである。そして，古代社会における家系は，もっぱら男系のそれによって維持された。「原始時代の信念では，生殖力は父だけに属するとおもわれていた。父だけが生命の神秘な原質を有し，生命の火花をつたえると信じていた」(72頁)のである。

父は「聖火の終身保護者」「祖先の代表者」として祭祀を主宰し，その役割に基づき，家族における絶対的地位を占めた。父が有する権限のなかでも最重要のものは，新しい家族の成員を決定するというそれであった。子供は，単に母親から生まれただけでは家族の正式な一員となることができず，そのためには，儀礼において父の承認を受ける必要があった。特に，家系の継承者となる息子が生まれると，父は聖火の前に生贄を捧げ，その誕生を盛大に祝福したのである。また，母が子宝に恵まれない場合には，外部から養子が迎えられ，同様の儀礼が執行された。古代の家族関係が依拠していたのは，出生や遺伝といった生物学的事実性ではなく，儀礼の際の「父の言明」によって演出される宗教的真理性だったのである。

都市国家の宗教への発展

このようにクーランジュによれば，古代ギリシャ・ローマにおけるもっとも原初的な信仰とは，祖先崇拝を根幹として成り立つ「家族宗教」であった。その目的は何より，家族の結束を固め，成員たちの生活を保護することにあったため，外部の人間が祭祀に加わることは，原則として許されなかった。家族宗教は，著しい排他性をその特色としていたのである。

時代が進むにつれ，家族の規模は一層拡大し，「氏族」や「部族」

と呼ばれるような集団が成立した。さらには、労働や軍事を高度に組織化するため、氏族や部族を超えた新たな共同体を築かなければならないという必要性も高まっていった。こうして、諸部族が連合することにより、各地に「都市国家」が建設されたのである。

　都市においては、共同体の結束を表すシンボルとして、「祖霊」や「祖神」とは異なる種類の神々が崇められた。それらの多くは、「雷」の神ゼウス、「海」の神ポセイドン、「光」の神アポロ等、自然界の事象に由来するものであった。また、神々の来歴や関係性を物語る神話が盛んに作成され、それらは、都市の華やかな文化の源泉として、人々の耳目を楽しませたのである。

　しかしながら、ここでクーランジュは、表面的な装いが大きく変化したにもかかわらず、都市の宗教においてなお、家族宗教の論理がその根幹にあったということを強調している。新たに都市を建設する際、参画者たちは、各々の「父祖の地（テルラ・パトルム）」から一塊の土を持ち寄り、「ムンドゥス」と呼ばれる穴のなかに投げ入れた。ムンドゥスとは、古代の言語では「生霊の地」を意味し、その場所こそが、都市における聖地と見なされたのである。また人々は、ムンドゥスの上に祭壇を築き、絶えることなく聖火を燃やし続けた。それは「都市の竈」と称され、都市を形成する諸部族の始祖の霊が聖火に宿ると考えられた。祖先たちは今や都市の守護神となり、子孫たちの生活を見守ることになったのである。

　都市の儀礼において、聖火と並んで重要な役割を果たしたのは、神殿や大食堂で行われた「聖餐」である。部族を代表する有力者たちは、定期的に食卓を共にし、相互の緊密な絆を確認し合った。その食事は、祖霊や守護神が来臨する神聖な儀礼と捉えられた。古代には、「共に生贄を捧げ、灌祭を営み、聖餐を分け合った戦友を見

捨てるべきではない」という掟が存在した。聖餐によって強固な絆で結ばれた者たちは、生死の命運を共にしなければならなかったのである。また戦争に勝利した際には、神々を称える盛大な祝祭が開かれ、多くの動物が生贄として捧げられた。

　家族宗教において「父」が聖火や聖餐の主宰者を務めたように、都市の宗教においても、各種の儀礼を執り行う祭司の役割を担う人物が必要とされた。すなわち、「王」の登場である。王の重要な職務は、都市の竈を維持し、犠牲奉献を行い、祈祷を唱え、聖餐を主宰することにあったが、彼は宗教的権威者であると同時に、政治上の首長でもあった。彼は都市の秩序を守るために裁判を管掌し、また戦争の際には、神々に勝利を祈念しつつ、軍を統率したのである。古代都市において宗教と政治は、未だ不可分に融合していた。

階級対立と革命

　このように整理してみれば、古代ギリシャ・ローマに成立した都市国家とは、旧来の家族的共同体と類似した構造を備えており、都市は家族に対して、単にその規模を同心円状に拡大したものに過ぎないと考えられるかもしれない。しかしその理解は、誤りではないものの、完全に正確ではない。というのは、古代の都市国家においては、家族内には見られなかった種類の階級分化が現われ、階級間に発生した緊張関係が、都市の政治に独自のダイナミズムをもたらすことになったからである。クーランジュは本書の後半部で、都市において幾度も発生した「革命」の様相を描き出している。

　王政が最初に成立したとき、都市は大別して、三つの階級から形成されていた。すなわち、宗教と政治の長として君臨した「王」、有力氏族から成る「貴族」、被護民・被征服民・奴隷など、政治上

の権利を持たない下層階級の「庶民」である。

　まず王は，自身の権力を一層強化することを欲したが，貴族はそれを喜ばなかった。こうして王と貴族のあいだに対立が生じ，両者が争った結果，多くのケースにおいて，貴族は王を打倒した。王は政治権力を剝奪され，彼のもとには，王位の称号と宗教上の職務だけが残されたのである（第一次革命）。

　こうして貴族は，都市の実権を掌握したが，その支配も安定することはなかった。貴族の権力の源泉は，彼らが有力な氏族の長として多数の被護民を抱えているということにあったが，都市という新たな共同体が成立したことにより，被護民は氏族に従属し続ける必要性を徐々に失っていったからである。その影響から，氏族の長子権は至るところで消滅し，多くの貴族が弱体化した（第二次革命）。

　今や都市の権力構造は，貴族の上層階級，独立した庶民から成る下層階級によって二分された。当初は貴族が優位にあったが，彼らの権勢は次第に弱まり，他方で庶民はその数を増加させ，軍事や商業を通じて実力を伸張させた。庶民は貴族に対抗するために，王のような支配者を復権させようとしたが，彼らが戴いた政治指導者は宗教的正統性を備えていなかったことから，王ではなく「僭主」と称された。庶民は，自らの要求を実現させるために僭主を押し立てたが，その政策が意に沿わないと見るや，直ちに彼を引きずり下ろし，ときに直接的な民主制を敷いたのである（第三次・第四次革命）。

　革命が幾度も繰り返されることにより，旧来の宗教的伝統は見失われ，政治も腐敗した。そして多くの都市が没落してゆくなか，強力な政治指導者である「皇帝」を戴いたローマが，地中海世界を席巻することになる。しかし，ローマ帝国の繁栄にも次第に陰りが差し，その衰亡と共に，古代世界全体が終焉に向かったのである。

社会は「信仰」を基盤として作られる

『古代都市』は、クーランジュが34歳で著した若書きの書物だが、それにもかかわらず彼は、堅固な論理と安定した筆致を駆使しながら、古代社会の歴史的全体像を明瞭に描き出している。彼の見解によれば、古代社会の根幹には「祖先崇拝」の信仰があり、都市国家もまた、その信仰が発展・変容したことによって成立した。祖先崇拝の信仰は、後にキリスト教の普及によって一掃されたため、現代のヨーロッパ人はほとんどその心情や世界観に触れる機会を持たないが、古代社会の実像を正確に摑むためには、そうした信仰や制度の内実を理解する必要がある、と彼は主張する。

大胆な発想と明晰な叙述によって構成されたクーランジュの著作は、多くの研究者や思想家に影響を及ぼした。ギリシャ人の母を持ち、アメリカでの生活を送った後に日本に移り住んだ小泉八雲は、『古代都市』に触れ、ギリシャと日本という二つの祖国に共通する祖先崇拝の精神性に深い関心を寄せた（平川祐弘『小泉八雲とカミガミの世界』文藝春秋を参照）。また、信仰によって社会が作られるという着想は、後にデュルケムの社会学の基盤ともなったのである。クーランジュの業績は、その歴史理解の当否や後代への影響関係を含め、より積極的に再評価されるべきだろう。

ヌマ・ドニ・フュステル・ド・クーランジュ（Numa Denis Fustel de Coulanges, 1830-1889）

フランスの歴史家。ストラスブール大学とソルボンヌ大学で歴史学を講じる他、高等師範学校でも教鞭を執り、エミール・デュルケム、アンリ・ベルクソン、ピエール・ジャネを含む多くの優秀な学生を育成した。他の主著に『旧フランス政治制度史』全6巻がある。

加地伸行
『儒教とは何か』

中公新書, 1990年

―― 祖先と子孫を結ぶ「血の鎖」の生命論 ――

　「儒教」と聞いて, 一般的に抱かれるイメージとはどのようなものだろうか。『論語』に描かれた孔子と弟子たちの対話と, それに基づく数々の人生論・処世訓。あるいは, 朱子学や陽明学という形で日本に伝えられ, 江戸幕府公認の学となった封建道徳, といったところが関の山ではないだろうか。

　本書は, 儒教の通史を主題とした概説書であるが, その大きな特徴は, 孔子以前の儒教の姿である「原儒(げんじゅ)」に軸足を置いて記述が進められる点にある。著者によれば儒教は本来, 単なる道徳に留まらず, 歴(れっき)とした「宗教」であった。それではまず, 宗教とは何か。

東北アジアの死生観と招魂儀礼

　加持は宗教を,「死ならびに死後の説明者である」と簡潔に定義する。すなわち, 通常の倫理や道徳を超え, 宗教に与えられた固有の領域とは, 死とは何か, 人は死んだらどうなるのか, という問いに対して, 人々を納得・安心させる答えを提示することにある。

　ヒンドゥー教や仏教における輪廻転生, キリスト教やイスラム教における死後の審判など, 宗教はさまざまな死の観念を編み出してきたが, 中国・朝鮮・日本など, 東北アジアの人々にとってもっと

も親しみやすい考え方は、次のようなものであった。すなわち、人間は元来、「魂」(こん)(精神の主宰者)と「魄」(はく)(肉体の主宰者)という二つの要素から成り、生きているあいだは、魂魄(こんぱく)が一致した状態にある。ところが人が死を迎えると、魂と魄が相互に分離する。肉体である魄は、白骨と化して土に帰り、精神である魂は、天に向かって上昇する。こうした魂魄の分離こそが、すなわち死である。

厳しい自然環境に囲まれた他地域の人々と異なり、東北アジア人にとって現世は快適な場所であり、彼らは死後、再び現世に戻ってくることを切望した。そのための方法として考案されたのが、「招魂儀礼」である。先述のように、魂魄の分離が死であるなら、両者を再び一致させることができれば、死者は甦るということになる。

死者の再生について理論化し、招魂儀礼を司ったのは、「儒」と呼ばれるシャーマンたちであった。彼らは死者の頭骸骨を保存し、その命日を迎えると、彼の子孫にそれを被せた。そして、馨(かぐわ)しい香を焚いて天上から魂を招き、芳醇な酒を地上に注いで地下から魄を呼び戻した。頭骸骨を被った子孫は、祖先を再生させるための「依り代(しろ)」となり、シャーマンは奇怪な音楽を奏で、狂乱しながら踊ることによって、霊の降臨を演出したという。こうして祖先とその子孫たちは、現世で再び饗宴を共にすることができるのだった。

「孝」の生命論

ミルチア・エリアーデの『シャーマニズム』にも詳述されているように、シャーマンが諸霊をコントロールするという現象は世界各地に見られ、殊更珍しいものではない。しかし、東北アジアの「儒」の思想において特徴的な点は、彼らがその行為を、「孝」という概念を中心として理論化・体系化したことにある。

第1部　祖先崇拝の論理

　「親孝行」という言葉に見られるように，現在「孝」の概念は，子から親に向けられる一方的な行為を指すと考えられている。しかし本書によれば，本来それは，より多方向的で豊穣な概念であった。すなわち，「孝」という営みの根幹には，先述のような祖霊信仰と招魂儀礼がある。死によってこの世を去った祖霊は，再び現世に戻ってくることを願う。そして，祖先の招魂儀礼を継続してゆくためには，彼の遺骨や墓が保存・守護されるとともに，何より儀礼を執り行う一族の血統が，絶えることなく存続しなければならない。一言で言えば「孝」とは，祖先崇拝を継続するために，家族の血統を守ってゆくことを意味するのである。ゆえにその概念は，生きている父母を大切にすることの他に，すでにこの世を去った祖先たちに対する敬意，さらには，一族の招魂儀礼を将来継続することになる子や孫に対する慈愛をも含み込むことになる。

　「孝」の考え方によれば，自己の魂や肉体は，単に自分の所有物と見なされるわけではない。それは，遥か過去を生きた祖先から継承され，さらには，将来子孫によって受け継がれてゆくものなのである。こうして人は，有限かつ自己中心的な生命論を放棄し，家族の系譜という「血の鎖」によって紡がれる永続的生命論を手にすることになる。人は「孝の行ないを通じて，自己の生命が，永遠であることの可能性に触れうるのである」(21頁)。

宗教性と礼教性の分離

　このような仕方で「儒」たちは，招魂儀礼の主宰に留まらず，それに依拠しながら，家族の血統を重視する倫理観や社会制度を構築していった。東北アジアにおいて，家族制度が他の地域にも増して強固に存続したのは，こうした諸観念にその原因がある。

しかし言うまでもなく，その後の東北アジア社会が，「原儒」的な家族制の段階に留まり続けることができたわけではない。さまざまな国家の興隆と衰退，それに伴う政治制度の更新，あるいは，道教や仏教といった他宗教からの影響を受け，儒教もまた，時代に即した新たな展開を求められることになる。

　儒教が新たな一歩を踏み出すに当たって重要な貢献を行ったのは，やはり孔子である。伝承によれば，孔子の母は「巫祝（ふしゅく）」と呼ばれる儒の一人であり，彼は幼少時から，そのシャーマン的技術や葬礼の作法に慣れ親しんでいた。そして孔子が試みたのは，原儒において示された親子関係の思想や実践を基礎としつつ，さらにそれを，君臣関係や政治論へと敷衍することであった。孔子は，前者を「小人儒」，後者を「君子儒」と呼んで区別している。

　春秋時代の動乱期を生きた孔子は，主君と臣下の関係を正すことによる政治改革の実現を目指した。その際に彼が重視したのは，「礼」という概念である。本来，儒教において礼とは，親に対する崇敬の態度であり，さらには，祖先を祀るための祭礼を意味していた。先述したようにそれは，しばしばシャーマン的狂乱状態を伴う招魂儀礼から成り立つものだったのである。

　しかし孔子は，礼の根拠を，そうした粗野な儀礼にではなく，各種の古典文献に基づく教養に求めた（いわゆる「詩書礼楽」）。孔子によって儒教は，血縁共同体の結束を固めるための宗教儀礼から，より高度な政治的・学問的統治の技法へと脱皮したわけである。加持はここに，儒教において「宗教性」と「礼教性」が明確に分離し始める端緒があると指摘している。

第1部　祖先崇拝の論理

中央集権的官僚制への適応

　孔子の死後，彼の教えは，数々の後継者の手を介してさらに発展していった。儒教の倫理学説を継承した代表的人物としては，「性善説」を唱えた孟子と，「性悪説」を唱えた荀子が挙げられる。

　まず孟子は，儒家における正統派に位置する「徳治政治」の理念を主唱した。すなわち，正しい徳を備え，学識に優れた人物＝聖人君子が指導者となることによって，理想的な政治が実現するという考え方である。その発想は，年中行事や儀礼の作法に精通した年長者への尊敬によって秩序が保たれるという，村落共同体的な道徳観の延長線上にあったと見ることができる。

　これに対して荀子は，より冷徹な見解である「法治政治」の思想を唱えた。荀子によれば，人間は生来的に悪へ傾きやすい性質を有しており，そして礼とは，その傾向を抑制するためにこそ存在している。さらに，荀子の弟子である韓非子は，支配者が民衆を統治する際には，厳格な法に基づく懲罰の運用が不可欠であると主張した。韓非子が大成した「法家」の思想は，中央集権的な国家体制を構えていた秦王朝における支配的イデオロギーとなったのである。

　秦の始皇帝による「焚書坑儒」の弾圧を経た後，儒家は漢代に復権したが，中央集権的な国家体制は，以降も存続した。そうした体制における官僚機構に適応するため，儒学はさらなる脱皮を遂げる。すなわち，「経学（けいがく）」と呼ばれる新たな様式の学への変貌である。すでに孔子によって，『詩』『書』の整理統合が開始されていたが，経学ではさらに，「四書五経」等，聖人と深い関わりを持つとされる古典文献の体系化が進められた。それを受け，前漢には「五経博士」という官職が設けられ，また唐・宋代に確立された「科挙制」においては，四書五経は官僚となるための必須の学識に位置づけら

れた。こうして儒教は,「古典文献に基づく統治」という様式を案出することにより,国家学としての地位を確立したのである。

その後も儒教は,道教や仏教,キリスト教といった他宗教からの挑戦を受けたが,そのたびに教理の更新を繰り返し,清代に至るまでの長期間,中国文化の精神的支柱であり続けた。

祖先崇拝という伏流水

とはいえ,そのような儒教も,近代という巨大な変化には打ち勝つことができなかった。民主主義的国家観や資本主義経済のグローバルな普及により,儒教の礼教性とそれに依拠した政治制度は,ほぼ完全に解体してしまう。そして儒教は一般に,前時代の頑迷固陋な道徳論と見なされるようになったのである。

しかしながら,加持が本書を通じて一貫して主張しているのは,儒教の本源であるその宗教性が,今もなお根強く生き続けているということである。政治や文化の上部構造がいかに変化・発展しようとも,人々は,死とは何か,死者をどのように弔うべきか,家族とはどうあるべきか,という根源的な問いから逃れ得るわけではない。東北アジアの他の国々と同様,日本においても祖先崇拝の心性は,仏教の装いの水面下で脈々と受け継がれてきたのである。本書は,宗教の発展分化のプロセスのみならず,宗教の原初的形態とその持続力を学ぶ上でも,きわめて有益な一書となっている。

加地伸行(かぢ・のぶゆき,1936-)

　専攻は中国哲学史。文学博士。長らく大阪大学文学部教授を務め,同職を退任した後は,甲子園短期大学学長,白川静記念東洋文字文化研究所長等を歴任。現在は大阪大学名誉教授。

柳田國男

『先祖の話』

筑摩書房，1946年（『柳田國男全集13』所収，ちくま文庫，1990年）
――家の垣根を越える「みたま」の祭り――

　柳田の後期の代表作である『先祖の話』が，太平洋戦争末期の昭和20年，連日繰り返される空襲を避けながら執筆されたものであることは，比較的良く知られている。日本の敗色が濃厚となりつつあったそのとき，老境を迎えた柳田の心に重くのしかかったのは，「国のために戦って死んだ若人」たちの運命であった。国の根幹が揺らぎ，家々が離散してゆくなか，若き戦死者たちは誰からもその死を慰撫されることなく，多くが「無縁ぼとけ」となってゆく。われわれは彼らの魂を，どのような仕方で弔うことができるのだろうか。逆に言えば，彼ら自身は，どのような仕方で弔われることを望んでいるのだろうか――。

　本書において柳田は，こうした問いに答えるために，日本の伝統的な霊魂観を再考する必要があると説く。彼によればそのような認識は，単なる懐古趣味に留まるものではなく，戦後の社会を作り上げてゆくために欠かすことのできないものなのである。

　他の論考と同様，本書においても柳田は，さまざまな事例を縦横に引き合いに出しながら考察を進めてゆく。しばしば批判されるように，彼の文章は，多くの事例を取り上げ過ぎるゆえに論旨を把握しづらいところがあり，本書もまた，テーマの難しさも相まって，

そうした嫌いを免れてはいない。しかし全体として言えば、本書で柳田は、「正月」と「盆」という二つの主要な年中行事を取り上げ、それらが神道や仏教に基づくものではなく、日本におけるより根源的な「祖先崇拝」の信仰に由来するということを論証しようとする。柳田によれば、「もとは正月も盆と同じように、家へ先祖の霊の戻ってくる嬉しい再会の日であった」(43頁) のである。以下、その内容を概観しよう。

正月の年神

　正月には、家々を来訪する「年神」が祭られるが、それがどのような神なのかということに対しては、多様な説が唱えられてきた。例えばそれは、商家では「福の神」、農家では「御田の神」と呼ばれる。しかし諸説において共通しているのは、その神が家の安泰と富裕をもたらすと考えられていることである。柳田はここから、年神は元来、各家族にとっての「先祖の霊」であったと推定する。

　年神はさまざまな仕方で表象されたが、典型的には、「御田の神」「農神」「作の神」といった稲作の神と見なされてきた。日本の伝統社会において、田地は家が存立するための不可欠の基盤であり、数ある農作物のなかでも、稲には卓越した重要性が認められていた。ゆえに先祖の霊は、自らが残した田地に稲の豊かな実りをもたらすことにより、家族を守護し続けていると考えられたのである。

　日本の各地には、田の神は秋の収穫が終わると山に帰って山の神となり、春になると再び田に降りてくる、という伝承が見られる。これらの神はしばしば、「大山祇」や「木花咲耶姫神」といった山の神と同一視されたが、しかしその特性は、単に山に留まり続けるのではなく、農作の守護のために山と里とを往復するという点にあ

る。ゆえに、こうした神観念の背景には、周期的に家を来訪する祖霊の姿が存在していただろう、と柳田は推測する。

遠い先祖の霊を故郷に繋ぎ止める際、親しみ深い絆の役割を果たしたのは、何より「水」と「米」であった。水は、祖先が産湯を受けた日から生涯飲み続けていたものであったため、祖霊に水を捧げることは、彼らに対する最高の歓待(もてなし)と捉えられた。特に、年男が元日の朝に汲んできた水は、「若水」と呼ばれて尊ばれた。また、その水を用いて米を炊き、「御霊(みたま)の飯」として祖霊に供した。普段は飯に箸を突き立てることは禁じられたが、「御霊の飯」にはそれが許された。美しく盛られた飯（高盛）の頂上に箸を立てることにより、霊に捧げられた特別な食事であることが示されたのである。

盆の本義

日本では古くから、仏教の伝承に基づき、旧暦の7月15日に「盂蘭盆会(うらぼんえ)」という法会(ほうえ)が開催されてきた。「盂蘭盆」とは、サンスクリット語の「ウラブンナ（霊魂）」という言葉に由来し、そして仏者の説によれば、盂蘭盆会の行なわれる前後数日間が「盆」と称されるようになったのである。しかし柳田は、この説に強く反対する。盆という言葉は、単に「盂蘭盆」という外来音に由来するのではなく、日本に固有の意味と音を有しているのである。

柳田によれば、中世以前の記録では、盆は「瓮」と表記されることが多く、両者は共に「土焼きの食器」を意味していた。こうした食器は特に、食物を墓所へ運ぶ際に用いられたのだが、柳田は明確な証拠を欠くことを認めながらも、それが屋外へ持ち出される器として「ホカイ（外居／行器）」とも呼ばれていたであろうと推測する。さらに「瓮」は、「ボン」の他に「ホトキ」とも読まれる。そして

彼は，これこそが日本語の「ホトケ」の語源であると主張する。日本には，死者を無差別にホトケと呼ぶ慣習があるが，その由来は，中世民間の盆の行事において，「ホトキという器物に食饌を入れて祭る霊」(118頁) をホトケと呼んだことに由来するという。

このように，盆は正月と同様，死者の霊を招いて交流するという年中行事の一つであったため，両者にはさまざまな共通点が見られる。すなわち，霊の送り迎えの際に火が灯されること，また，「年棚」や「盆棚」と呼ばれる祭壇を設けて食物を供え，霊を歓待することなどである。しかし両者のあいだには，大きな違いもある。すなわち，正月がもっぱら家のなかで行われる祭りであるのに対して，盆はむしろ，家の外で霊を弔うことに主眼が置かれるのである。

柳田によれば，日本において盆の行事が普及していった大きな理由は，「不祀の霊（祭られない霊）」の増加に対する恐れであった。かつては，小規模な戦乱や食物の欠乏によって容易に人々が四散し，道端で行き倒れになる者も多かった。また，家そのものが没落し，跡形さえなくなるという事態も稀ではなかったのである。家を代々存続させ，子孫が先祖を祭り続けることを大切にする日本人の心情にとって，「不祀の霊」の増加は看過し得るものではなかった。ゆえに人々は，「不祀の霊」のための供物を「盆＝ホカイ」に入れて家の外に持ち出し，彼らを慰めようとしたのである。同時に，各地で盆踊りが盛んに催されたのは，霊を楽しませてその遺恨を祓い，村に災厄がもたらされるのを免れるためであった。

言うまでもなく，日本は仏教国の一つであり，死者の弔いには仏教が主要な役割を果たしてきたが，柳田の考えでは，日本人の本来的な霊魂観は，仏教のそれとは大きく異なっている。すなわち仏教においては，輪廻転生のすべてが苦と見なされ，「仏（覚者）」とな

ってそこから「解脱」することが目指される。しかし日本では，祖霊となって再び現世に戻ることこそが喜びとされた。人々は，「成仏」して永久に故郷を去ることを望んではいなかったのである。

　また，日本仏教の葬礼においては，霊はあくまで個人として扱われ，かつ，何十年にもわたって年忌法要が行われるが，柳田はこれを，日本の実情に合わない形式であると批判する。日本の霊魂観では，霊は死後次第に浄化され，個性を失ってゆく。そしてある年限を過ぎると，個人の魂は，「御先祖さま」や「みたま様」という一つの尊い霊体に融け込むものと思念されたのである。

靖国神社の「みたま祭」

　冒頭で触れたように，柳田は『先祖の話』において，若き戦死者たちを弔うためにこそ，日本の霊魂観の再考が必要であると述べているが，しかしながら彼は同書のなかで，その方法を具体的に示しているわけではない。今後の社会が今まで通りにはゆかないことを想定した上で，われわれが善いと信じる方向を目指して努力しなければならない，と末尾に記すに留めている。

　とはいえ柳田の業績は，単なる理論的考察に終わったわけではない。彼の先祖観は，戦後に靖国神社で催されるようになった「みたま祭」という行事に深い影響を与えたと考えられるからである。その経緯について，簡単に触れておこう（所功「靖國神社みたま祭の成立と発展」明治聖徳記念学会紀要〔復刊第44号〕所収を参照）。

　1945年12月にGHQから発せられた「神道指令」によって，靖国神社は一旦は解体の危機に晒された。幾度もの交渉の結果，解体は免れたものの，国家との結びつきは断ち切られ，靖国は翌年9月，単立の宗教法人として登記されることになったのである。

そうしたなか，民衆からの要望を受けたことを切っ掛けとして，46年7月13・14日の両夜，長野県の遺族連合会により，靖国神社境内において盆踊りの奉納が行われた。約80名の女性たちが，信濃名物の伊那ぶし・木曽ぶし・大町小唄などに合わせて踊りを披露し，靖国は久々の賑わいを見せたという。

また，その頃柳田は，靖国会館講堂で民俗学の講座を開いており，靖国神社との接触を保っていた。他方で靖国は，「一般崇敬者の基礎の上に立つ神社として，民間に普遍する行事と信仰を採り上げ」たいという意向を示しており，柳田に助言を求めた結果，「みたま祭」の開催が企画されることになった。その趣意書では，『先祖の話』の記述に沿う形で，日本の伝統的な慰霊の様式が説明され，社会の安定のためには，「無縁の精霊」「よるべないみたま」を慰撫する必要があるということが強調されている。

みたま祭は1947年より，毎年7月13日から16日まで4日間開催されており，現在では約30万人の参拝者を集めている。その際には，無数の提灯や雪洞(ぼんぼり)で境内が埋め尽くされ，盆踊りの他，合唱・紙芝居・漫才などの奉納が行われる。それは，日本の伝統的な慰霊様式を引き継ぐと同時に，国家や家族の内部に限定されない「開かれた祖先祭祀」のあり方を示していると見ることもできよう。

柳田國男（やなぎた・くにお，1875-1962）

　日本民俗学の創始者。東京帝国大学で農政学を学んだ後，農商務省に入り，農業政策の立案に携わったが，1919年に退官。朝日新聞論説委員等を務めながら，各地の調査を重ねて多数の論考を発表し，民俗学の確立に尽力した。代表作に，『遠野物語』（1910），『木綿以前の事』（1939），『海上の道』（1961）がある。

第2部

宗教の基礎理論

ロバートソン・スミス

『セム族の宗教』
Lectures on the Religion of the Semites, 1894（1st ed., 1889）

永橋卓介訳，岩波文庫，前後編，1941 年

──「聖なる共食」によって作られる共同体──

　「セム族」とは，1781 年，ドイツの歴史学者 A・L・シュレーツァーによって提唱された概念である。それは，聖書の『創世記』10〜11 章に記されたノアの息子セムとその子孫に由来する諸族，具体的には，アラブ人，ヘブライ人（ユダヤ人），フェニキア人，アラム人，バビロニア人，アッシリア人など，アラビア半島や地中海沿岸に分布する諸民族を指す。

　セム族に関しては，18 世紀後半から 20 世紀前半にかけて，いわゆる「アーリア人」と対照させられながら，歴史学・比較言語学・宗教学等の諸分野において活発に論じられた。同時にそこには，後のナチズムに結実するように，アーリア人種優越論と反ユダヤ主義という傾向が抜き難く存在していたのである。とはいえ，本書におけるスミスの議論は，そうした動向とは直接的には関係していない。彼の関心はもっぱら，ユダヤ教，キリスト教，イスラム教という世界の代表的な宗教を生み出した源流について再考すること，さらには，アーリア人のそれをも含む，宗教そのものの基本的機能を明らかにすることに置かれている。

宗教の本質は儀礼にある

　本書は，バーネット財団の招待でスミスが1877年に行った連続講演「セム族の原始宗教——その他の古代宗教，および霊的宗教としての旧約聖書とキリスト教との関連における」をもとに，全11回の講義から構成されている。その冒頭でスミスは，新約聖書に見られる「供犠」の教義を精密に解明するためには，旧約聖書を記した古代ヘブライ人のみならず，彼らもその一部であるセム族全体において，供犠がそもそもどのように機能し，何を意味していたのかについて理解しておく必要があると主張する。

　ここで言う「新約聖書の供犠」とは，キリストの血肉を信徒たちが共食するという，いわゆる「聖餐」の儀礼を指す。歴史的に見れば，キリスト教の聖餐礼は，ユダヤ教における供犠の様式を改変・再解釈することから成立したものなのだが，スミスの考えによれば，ユダヤ教の供犠もまた，セム族におけるより古い形態の諸儀礼を踏まえた上で，それを変形したものに他ならない。

　供犠の分析を始めるに当たって，まずスミスは，教義や神話や信仰以上に，儀礼こそが宗教における中核的位置を占めるということを強調する。近代のキリスト教徒たちは，教義の内容や内面的信仰に宗教の核心を見出す傾向にあるが，原始的段階の宗教を対象とする場合，そうした考え方はまったく当てはまらない。原始宗教において，明確な教義や神話は未だ十分に発達しておらず，例えば人々は，神殿で行われている事柄に対して，相互に矛盾する見解を示すことさえ稀ではなかったのである。

　宗教における最重要事は，教義や神話の内容を理解・説明することにではなく，儀礼に自ら参加することにあった。教義や神話はむしろ，儀礼という行為を説明するためにこそ存在し，その価値は二

次的なものに過ぎない。神話が儀礼から引き出されたのであって，儀礼が神話から引き出されたのではないのである。スミスは，儀礼が義務的かつ固定的であったのに対し，神話は可変的であり，礼拝者個人の趣味嗜好にさえ委ねられていた，と論じている。

「血の絆」に基づく政治組織としての宗教

原始社会において宗教とは，個人の信念や理性によって選び取られるようなものではない。言わば人は，宗教のなかに生まれ落ち，社会的慣習の絶えざる実践を通して，無意識的な仕方でその内部に溶け込んでいった。「宗教は霊魂の救いのために存在したのではなく，社会の保全と安寧とのために存在したのである」(前編51頁)。

同時にスミスは，原始の宗教が，政治体制と密接に結びついていたことを強調する。宗教の役割とは何より，共同体の結束を固めること，また，そうした結束に依拠しながら外敵を遠ざけ，共同体を守護することにあったのである。

原始社会において中心的な原理を担ったのは，「血族」としての関係性であった。家族や氏族では，「共通の祖先」と見なされる存在が神として崇められ，そこから派生したすべての子孫は，同一の血を分有していると考えられた。血は一族にとって生命の原理であり，父から子へと代々継承されたのである。共同体は「血の絆」によって結合しており，その成員の血が流されることは，自身の血が流されることと同義であった。ゆえに，一族の誰かが傷つけられた際には，彼らは団結して決起し，敵に対して「復讐法」に基づく峻厳な制裁を加えなければならなかったのである。

このようにスミスによれば，宗教とは本来，社会の中心を占める公的原理を意味した。セム族の共同体において，神に請い求めるこ

とを許されたのは、主に（1）敵との抗争の際に援助を与えること（2）民族的困難について神託や占いを通して助言すること（3）人間の判定によって解決できない事件に対して正義の判決を下すこと、という三つの事柄に限られていた。すなわちその目的は、共同体全体の繁栄や、内部の公正さの維持に置かれていたのである。また、初期の宗教は、概して著しく自己中心的であったが、しかしそのなかでも、数多くの経験を踏むことにより、次第に高度な道徳観念が醸成されてゆくことになった、とスミスは述べている。

　他方、セム族の世界観において超自然的存在と見なされたのは、公に崇拝された神だけではなかった。世界はさまざまな種類の霊で充満しており、人々はそうした諸霊からの悪しき作用を免れるために、あるいは、公的に表明し得ない私的願望を叶えるために、霊の力を操作・利用しようとしたのである。こうした現象はしばしば、宗教のもっとも原初的な形態として理解されてきたが、スミスはそうした認識にはっきりと異を唱える。彼の考えによれば、それは宗教とは別次元にある「呪術」的領域に位置するものであり、宗教は常に、呪術の力を危険視してきたのである。

供犠の歓楽

　以上のように、宗教とは何より、共同体を結成するための原理であり、供犠はそれを具現化するための、もっとも重要な儀礼の一つであった。ユダヤ教の歴史においては、かつて「第二神殿」で行われていた供犠、すなわち、祭司によって神に動物が捧げられるという形式が典型例と見なされてきたが、スミスはさまざまな資料を援用することにより、その原初的な姿を次のように再構成する。

　セム族における供犠は元来、人間から神へと一方的に捧げられる

ものではなく，神と人間が同じ食卓を囲む「共食」という形式で執り行われていた。その際にはさまざまな種類の食物が用意されたが，なかでも，羊・山羊・駱駝といった動物を食することは，それ自体が特別な意味を有していた。動物を屠殺することは，公共の会食に供することを目的とした場合のみに限られ，私的な理由からそれを殺害することは，厳格に禁じられていた。

　定期的に催される供犠は，質素な日常生活を送っていた古代社会の人々にとって，饗宴の歓楽を享受するための貴重な機会となった。その際には，貧富や身分の区別なくあらゆる人間が招待され，御馳走を振る舞われた。人々は最上の晴着をまとい，音楽に合わせて陽気に闊歩しながら，聖所に参集したのである。

　古代においては，共に食べ，共に飲む者は，血肉を同じくする存在であり，そうした行為によって，相互に友情と義務の絆で結合されると捉えられた。スミスによれば，こうした観念は，セム族のみならず，ギリシャやローマを含む古代文明の諸民族において広範に見られるものなのである。

　神と人とが共に食事を楽しみ，共同体全体の幸福を祈念すること——。このような楽観的な姿勢こそが，セム族の供犠の原初的な様式であったが，それは同時に，極端な自己本位性や利那的快楽への耽溺など，幼年期的精神性を表すものでもあった。しかし，その後にユダヤ民族は，バビロン捕囚を始めとする数々の苦難に見舞われ，それを契機に，神や供犠に関する観念を変化・発展させてゆく。その結果として生まれたのが，「贖罪供犠」や「燔祭」といった新しい様式の儀礼であった。すなわち，民族が苦難に見舞われたのは，神との関係において人間の側に何らかの瑕疵があったためであり，供犠はその罪を償うための手段と考えられたのである。ゆえに燔祭

においては、人間が供物に与ることは許されず、そのすべてが火によって焼き尽くされ、神に奉献されることになった。こうして神は徐々に、人間に対する超越的な地位を獲得していった。

キリスト教の供犠に関して、実際に本書では、その末尾できわめて簡潔な考察が行われるに過ぎない。それによれば、キリスト教に見られる「贖罪」「代理」「潔め」「贖いの血」「義の衣」といった諸観念は、まったく新たに生み出されたものではなく、セム族における供犠の伝統に連なっている。供犠においてもっとも重要な点は、神の生命を礼拝者に伝達すること、人と神のあいだに生きた絆を作り上げること、すなわち、「聖礼典における交感 (sacramental communion)」を生み出すことにあり、キリスト教はこうした事象に対して、明瞭かつ完成された教義的表現を与えたのである。

スミスが本書で描き出した供犠の原初的な姿は、確実な資料的裏づけを有するというより、理論上の類推に依拠したところが大きく、そのことは後に批判を受ける点となった（ハンス・G・キッペンベルク『宗教史の発見　宗教学と近代』岩波書店を参照）。しかし、彼がセム族の儀礼の伝統を再考する過程で見出した宗教の基礎的な論理は、フレイザー、フロイト、デュルケムらに深い影響を与え、宗教学の体系の形成に深く寄与したのである。

ウィリアム・ロバートソン・スミス (William Robertson smith, 1846-1894)
　スコットランド生まれの聖書学者。卓越した語学の才能を示し、若くしてアバディーンの自由教会神学校におけるヘブライ語教授となるが、1875年に『大英百科事典』第9版に執筆した「聖書」の内容が異端的と判断され、同職を追われる。その後は、『大英百科事典』の編纂委員、ケンブリッジ大学のアラビア語教授を務めた。47歳で結核のため早世。

ジェイムズ・G・フレイザー

『金枝篇』
The Golden Bough: A Study in Magic and Religion, 1925

永橋卓介訳, 岩波文庫, 全5巻, 1976-79年

——「王の殺害」〜死を越えて受け継がれる永遠の生——

　浩瀚な書物として知られる『金枝篇』において，フレイザーが試みているのは，イタリア・ローマ近郊に存在する「ネミの森」にまつわる伝承の分析である。その森は「ディアーナ・ネモレーンシス」と呼ばれ，女神ディアーナが住まう聖域と見なされてきた。また，森には聖所が存在し，「森の王」と称される一人の祭司がそれを守護していた。森の王の地位を継ごうとする者は，聖なる木から「金枝」を折り取り，前任の王を殺害しなければならない。果たして金枝とは何か，また，なぜ王は殺されなければならないのか——。

　フレイザーはネミの森の伝承から，「樹木崇拝」「聖婚」「穀物霊」「王殺し」といった数々のモチーフを取り出し，その類例が世界中の神話や習俗に見られることを詳細に論じてゆく。『金枝篇』は，版を重ねるごとに取り扱う事例の数を増加させ，ついには一つの論考と言うより，民間伝承の事典や資料集といった趣を呈するようになった。ともあれ，この書物でフレイザーが企図しているのは，「呪術」の段階から「宗教」の段階へと至る人間精神の歩みを，さらには，それに伴う社会階層の機能分化の様相を具体的に跡づけることである。ここでは，彼の理論と歴史観の骨格を簡潔に素描して

模倣呪術と感染呪術

　フレイザーによれば，原始の時代において人間は，自身を取り巻く世界に備わる圧倒的な統一性と秩序に対して驚嘆の念を抱いていたが，その法則を正しく理解することはできなかった。彼らが最初に思い描いた自然の法則とは，類似は類似を生むという「類似の法則」と，かつて接触していたものは離れた後も相互に影響を及ぼし合うという「接触の法則」であった。そして未開人たちは，これらの法則に依拠した技法を編み出すことにより，自然界を望むように操作し得ると考えたのである。

　まず「類似の法則」から生まれたのは，「模倣呪術」という技法であった。彼らは戦いの際には，敵の姿を象(かたど)った人形を作り，それを傷つけた。その行為によって彼らは，敵もまた死ぬことになるだろうと信じたのである。そして，自分が飼育する羊や牛を繁殖させたいと思うときには，蠟や粘土でそれらの動物の模型を数多く作り，山中の洞窟のなかに収めた。

　次に「接触の法則」からは，「感染呪術」と呼ばれる技法が生み出された。未開人は，自分が身につけた衣服や使用した道具には，自身との共感的結合が残留すると考えたため，それらを紛失することを極度に恐れた。というのは，それが敵の手に渡ってしまうと，それを用いて呪いを掛けられる恐れがあったからである。また，狩猟に出かけた際，獣の足跡を発見すると，彼らはそこに呪薬を振り掛けた。それによって獲物の足の動きが鈍り，容易に追いつけるようになると信じられていたからである。フレイザーは，未開人が駆使する多様な呪術のすべては，模倣呪術と感染呪術のどちらか，あ

るいはその複合形態として理解することができると論じている。

公共的呪術師の誕生

 無力な未開人たちにとって，自然界のなかで生き長らえることには常に困難が付き纏ったため，彼らは多くの願望を呪術に託した。ゆえに未開社会において，呪術師はきわめて重要な存在であった。そこではまだ，階級や職業の分化はほとんど生じていなかったが，最初に現れた特別な社会階層とは，呪術師のそれであっただろうとフレイザーは推測する。

 人々が日々の糧を得るために厳しい生活を強いられるなかで，自然の神秘的な運行について研究することを許される一群の人々が登場したことは，人類にとって大きな前進を意味した。呪術師という「原始的哲学者」たちは，薬物や鉱物の性質，降雨と旱魃（かんばつ）の法則，雷光の原因，月の満ち欠け，生命と死の神秘など，あらゆる事柄に驚嘆を覚えながらその法則性を探究し，そこから編み出した呪術を用いて，人々の願いを叶えようとしたのである。

 当初呪術師は，自身の顧客からの要望に応じるため，あるいは敵となった個人を害するために，呪術を行使していた。自然界に対する彼らの知識は，所詮は「疑似科学」的なものに過ぎず，その力の大半は単なる詐術に他ならなかったが，それでも能力の高い呪術師は，次第に多くの人々の信頼を勝ち取ることに成功したのである。

 すると，こうした呪術師は，個々人の願望のためにではなく，社会全体の利益のためにその力を行使することを求められるようになった。なかでも彼の重要な職務と見なされたのは，人々の生活のための十分な食糧を確保することであり，ゆえに彼の呪術はもっぱら，天候を予知・操作することを目的として行使された。彼は，雨乞い

の儀式によって適量の降雨を得ようと努め，逆に嵐が接近してくる際には，息を吹きかけてその進路を変えようとした——実際に呪術師は，季節ごとの天候の変化を熟知しており，多くの場合，それに合わせて儀式を執り行っているに過ぎなかったのだが。また，呪医として人々の病気を治すことや，成人式や結婚の際の「通過儀礼(イニシエーション)」を執り行うことも，彼が担うべき職務の一つとされた。

呪術師から祭司王へ

　未開社会において，呪術師の重要性が増したことは，共同体内の政治力学に変化を生じさせた。それ以前は全般的に，長老たちの評議によって物事が決定されていたが，公共的呪術師は次第に彼らを凌ぐ支持を集めるようになり，単独の支配を実現していったのである。従来の共同体が，諸種の慣習や伝統に縛られていたのに対し，新たな専制者は，自身の才覚によってそれらを打ち破り，急速に部族を成長させることができた。卓越した指導者を戴いた部族は，隣接する諸部族を武力的に制圧し，富と奴隷を獲得したのである。

　共同体における専制者として君臨するようになった呪術師は，その姿を大きく変容させた。彼は今や，共同体の命運を根本的に左右するほどの重要性を備えた人物と見なされ，神聖な存在者としての崇敬を集めるようになったのである。すると彼は，失敗によって自己の無力さを露呈させる恐れのある呪術の行使を極力自制し，それに代えて，共同体の安全と幸福を祈念する「供犠」や「祈祷」といった儀礼の執行に専念するようになった。フレイザーはその立場を，「神聖王」や「祭司王」と名指す。彼の登場は，人類の文化が呪術的段階から宗教的段階へ移行したことを示しているのである。

「森の王」の死と再生

　フレイザーは、このような歴史観に照らしながら、ネミの森の伝承に対する分析を試みる。その際に中心的役割を果たすのは、「森の女王」であるディアーナと、その聖所を守護する「森の王」が、夫婦の関係にあったのではないかという想定である。フレイザーによれば「森の王」は、呪術師から祭司王に成り上がった人物の一人であり、「木の精の化身」とも見なされていた。そして、森の王と女王が「聖婚」を取り結ぶことは、植物の生長力を活性化させるための重要な手段と考えられていたのである。植物霊の疑似結婚によって農作物の豊かな実りを祈念する儀礼は、今もヨーロッパ各地で催される「五月祭（May Day）」に受け継がれているという。

　さらにフレイザーは、森の王は、最高神ユーピテルを表象する聖木オーク（柏）と結びつけられ、他方で森の女王は、竈の女神ウェスタと同一視されていただろうと推測を広げる。古代ローマでは、都市の中心に「公共の竈」が存在し、そこに聖なる火が灯されていた。それと同様にネミの森の聖所においても、ウェスタの竈が設えられ、オークの木がそこに焼べられていたことだろう。すなわち、森の王と女王の「聖婚」とは、ネミの森において聖火が灯され続けていたことを意味しているのである。

　それでは、森の王が代替わりする際、後継者が聖なる木から「金枝」を折り取り、前任者を殺害しなければならないのは何故なのか。フレイザーによれば金枝とは、オークの木に寄生した「宿り木」を指し、そしてその存在は、雷の神ユーピテルがオークの木に雷を落とすことによって点じた聖なる火を表象していた。ゆえに、金枝を折り取るという行為は、彼がユーピテルの化身の地位を継承するということを意味したのである。また、後継者が前任者を殺害しなけ

ればならないのは,彼を亡き者とするためではない。真に恐れられたのは,森の王が老齢によって衰え,共同体全体の命運を左右するその力を消失させることであった。王の殺害とはむしろ,彼の力を更新し,永続化させるためにこそ行われたのである。

このように『金枝篇』においては,呪術から宗教への発展,すなわち,当初は個人の願望を実現するために行使されていた超自然的力能が,徐々にその公共性・凝集性を高めてゆき,ついには共同体の組織原理となるに至る過程が描かれている。本書の末尾には,フランス王の代替わりの際に叫ばれた文句「Le roi est mort, vive le roi!（古い）王は死んだ,（新しい）王よ生きよ＝万歳！」が掲げられている。公共的呪術師としての王は今や,死と再生によって紡がれる共同体の永続的生命力を一身に体現する存在となったのである。

ジェイムズ・ジョージ・フレイザー（James George Frazer, 1854-1941）
　スコットランドのグラスゴーに生まれる。ケンブリッジ大学で古典学を修め,同大学の特別研究員となる。一時期はリヴァプール大学の社会人類学教授を務めたが,教職に馴染めず短期で退任,以後は書斎での研究生活を続ける。そのスタイルはしばしば「安楽椅子の人類学者」と揶揄された。他の主要著作に『トーテミズムと族外婚』（1910）がある。

参考・関連文献
　ジェイムズ・G・フレイザー『王権の呪術的起源』（折島正司・黒瀬恭子訳,思索社,1986年）『金枝篇』はきわめて浩瀚な著作であるため,初学者が最後まで読み通すことは,現実的には難しい。同書はケンブリッジ大学トリニティ・カレッジで行われた講演録であり,『金枝篇』の論旨が適切に要約されている。フレイザー理論への入門として有用だろう。

エミール・デュルケム

『宗教生活の原初形態』
Les Formes élémentaires de la vie religieuse: le systèm totémique en Australie, 1912

古野清人訳, 岩波文庫, 上下巻, 1941-42年, 1975年改訳

――「社会を産出する根源力」としての宗教――

　マックス・ウェーバーと並び, 社会学創生期の代表的研究者の一人と目されるデュルケムは, その生涯において一貫して, 社会統合を可能とする力について考察し続けた。まず『社会分業論』や『自殺論』といった初期の著作によって示されたのは, 社会が歴史の過程を通して高度な分業化・組織化を達成すること, また, それとともに人間は, 初期の社会を覆っていた単色の宗教的原理から脱却し, 個人としての大きな自立性を獲得するということであった。

　しかしながらそうした状況は, 改めて言うまでもなく, 単純に肯定的なものとして捉えられるわけではない。過度に複雑化した社会システムは, 今や個々の人間にとって疎遠な存在として立ち現れ, そのなかで個人は,「自立」ではなくむしろ「孤立」に見舞われてしまうからである。人々の精神は「アノミー（無規範状態）」に浸蝕され, しばしば自殺にさえ追い込まれることになる。

　現代の社会は, 行き過ぎた機能分化により, 原初的な統合力を失っているのではないか。また, こうした状況において宗教を, 単なる前時代の遺物と見なしておいて良いのだろうか――。あるときデ

ュルケムの脳裏に芽生えたのは，以上のような問題意識であったと思われる。そして彼は，フュステル・ド・クーランジュやロバートソン・スミスといった先達によって提示された視点を，オーストラリアのトーテミズムに関する新資料のなかに導入し，宗教の理論を刷新しようと試みる。その際に強調されたのは，宗教が何より，社会を構築するための根源的な力であるということであった。

聖俗論に基づく宗教の定義──共同体の形成機能

本書は，第一編「前提問題」，第二編「原初的信念」，第三編「主要な儀礼的態度」から成る。まず第一編においてデュルケムは，それまで唱えられてきた数々の宗教論を批判し，その上で，自身が考案する宗教の定義を提示する。その際に不適切なものとして退けられるのは，ハーバート・スペンサーの「知能を超えた何ものかの遍在に対する信仰」，マックス・ミュラーの「考えられないものを考え，表せないものを表そうとする努力，無限への憧憬」，E・B・タイラーの「精霊的存在への信念」といった宗教の定義である。これらの定義では，宗教において何が崇拝・信仰されているかという事柄に焦点が当てられているが，デュルケムの考えでは，信仰対象の内容や性質は各宗教によってまさに多種多様であり，そこに確固とした共通性を見出すことは不可能である。

こうした方法に代えてデュルケムは，いわゆる「機能的定義」を提案する。すなわち，何が信仰されているかということを問うのではなく，その信仰がどのように機能しているかということを問うのである。彼の考えによれば，宗教の第一の機能とは，「聖なるものを俗なるものから分離すること」である。その内容が何であれ，各社会には，他の平俗な事物から隔離された特別な「聖物」が存在す

る。そして聖物に対しては、それを取り扱う方法が、数々の儀礼や禁忌を通して厳密に規定されているのである。

しかしながらデュルケムは、こうした規定は未だ不十分であると見なす。というのは、祭式や祈祷を通して神聖な事物を取り扱うということは、呪術にも見られる特性であり、この規定によっては、宗教と呪術を区別することができないからである。果たして両者の差異は、どこにあるのだろうか。

デュルケムは、宗教に見られる顕著な特性を、・集・団・の・統・合・を・達・成・するという点に見出す。ギリシャやローマ、ユダヤといった民族宗教であれ、キリスト教のカトリックやプロテスタントといった世界宗教の諸宗派であれ、そこでは常に、聖なる対象を中心として諸個人が結合され、何らかの形式の共同社会が営まれる。これに対して、呪術における人間関係は、病人と医師の関係と同様に、あくまで・個・人・的・か・つ・私・秘・的である。共同体の形成機能という点から見れば、宗教と呪術は、相互に正反対の傾向を示すのである。こうした理路からデュルケムは、宗教を次のように定義する。「宗教とは、神聖すなわち分離され禁止された事物と関連する信念と行事との連帯的な体系、教会と呼ばれる同じ道徳的共同社会に、これに帰依するすべての者を結合させる信念と行事である」（上巻86-87頁）。

ちなみにデュルケムは、以上のような見地に基づき、呪術から宗教が生まれたと唱えるフレイザーの理論に反対している。彼によれば、宗教こそが人間の社会にとって本源的な存在であり、呪術はむしろ、その副次的派生物と見なすべきなのである。

「祖先の神秘的身体」としてのトーテム

続く第二編では、宗教的信念の諸相が具体的に分析される。その

際に，宗教の原初的な姿を明瞭に表す存在として取り上げられるのは，オーストラリアのトーテミズムである。「トーテム」とは本来，北米先住民オジブワ族の「彼は私の一族の者だ（ototeman）」という言葉に由来し，氏族集団への帰属を示すための象徴物を指す用語であったが，19世紀後半以降，世界中に多くの類例が存在することが見出され，次第に「トーテミズム」という一般的概念として流通するようになった（その内容があまりにもヴァリエーションに富むことから，こうしたカテゴリー自体に批判的な研究者も多い）。

　オーストラリアにおいても，トーテムは各氏族を区別する際の標識として用いられており，その大半は，各種の動物や植物から採られている。そしてデュルケムの整理によれば，トーテムは三通りの形式で存在する。それは，（1）トーテム記号（2）記号が模写する動物や植物（3）氏族の成員たち，である。すなわち，まずトーテムは，身体の入墨や木造の彫刻など，さまざまな記号によって表現される。次に，トーテムに指定される動物や植物そのものも，特別な神聖物として崇められ，日常生活での接触や殺害が禁じられる。最後に，氏族の成員たちもまた，トーテムの一部や親縁物と見なされ，彼らの肉体や血液には神聖な力が宿ると考えられるのである。

　トーテムのこうした諸形態のなかで，もっとも高い神聖性を認められているのは，トーテム動物よりもむしろ種々のトーテム記号であり，なかでも「チュリンガ」と呼ばれる聖物は，氏族にとって卓絶した重要性を有する。それは多くの場合，木片や石で作られた楕円形の物体であり，トーテムを表す記号がそこに刻み込まれている。チュリンガは，普段は聖所に保管されており，イニシエーションを受けていない若者，女性や外来者は，それを目にすることさえ許されない。しかし，祭儀の際には外部に持ち出され，紐を括り付けて

空中で激しく振り回される。チュリンガは凄まじい唸り音を立て，それによって集団の興奮状態が喚起されるのである。

　チュリンガという聖物には，神話的な背景が設定されている。それによれば，かつて「アルチェリンガ」と呼ばれる始源の時代があり，そのとき氏族の祖先たちは，トーテムの動物や植物と一体化した状態で生活していた。やがて始源の時代は終焉を迎え，祖先たちは地上を去り，大地のなかに潜ったのである。とはいえ，彼らの霊魂が死に絶えたというわけではない。それは氏族の聖所に今も息づき，新たに生まれる子孫たちにそこから入り込んでいる。また祖先の身体も，聖物と見なされる樹や岩，そしてチュリンガとして保存されている。すなわちそれらは，「祖先の神秘的身体」なのである。ゆえにトーテミズムの信仰は，アルチェリンガの時代を生きた神話的祖先の霊魂と身体を継承し，氏族という共同体の生命を永続化させるために存在している，と捉えることができる。

儀礼の諸形態と集合的沸騰
　第三編では，トーテミズムやその他の宗教における儀礼的実践が，「消極的礼拝」「積極的礼拝」「贖罪的儀礼」の三種に大別して分析される。そこには，ロバートソン・スミスの『セム族の宗教』からの影響が顕著に見られ，全体として言えば，スミスの儀礼論の改良版と解しても間違いではないだろう。

　まず「消極的礼拝」においては，聖なるものに対して諸種の禁忌が定められることにより，俗なるものからの分離が行われることが論じられる。聖物が特別な地位を獲得するためには，第一に，通常の方法でそれに接触することを禁止しなければならない。また，聖物に近づき，それを扱おうとする者は，過食や性交を控え，自らの

第２部　宗教の基礎理論

内にある俗的要素を削ぎ落とさなければならない。このように、禁忌や禁欲は、宗教の前提や基盤を形作るものなのである。

　それとは逆に「積極的礼拝」においては、普段は接触を禁じられている聖物との密接な交流が図られる。オーストラリアの宗教における典型例は、「インティチユマ」と呼ばれる祭儀である。その様式は各氏族によってさまざまだが、よく見られる手順は以下の通りとなる。インティチユマが始まると、参加者は食事を断ち、衣服を脱ぎ捨て、沈黙を遵守することにより、荘重な雰囲気を醸し出す。彼らは、神話的祖先を表象する聖石や聖木、あるいはチュリンガが保管された聖所に参集し、それらの聖物をしきりに撫でたり叩いたりする。また、その周囲で激しく歌い踊ることにより、トーテム動物の繁殖を祈念する。ある氏族では、若者が自らの皮膚を切り裂き、血液を聖石に浴びせかけることさえ行われる。

　デュルケムは、こうしたインティチユマの祭儀は、ロバートソン・スミスが論じた「供犠」の範疇に含まれると論じる。そこで目指されているのは、神的存在と人間の「交流（コミュニオン）」を達成し、氏族の成員たちを「神秘的本体」に参与させることなのである。同時にデュルケムは、インティチユマにおける供犠が、神的存在と人間にとって双方向的行為であることを強調する。まず一方で、インティチユマにおいてはしばしば、普段は聖物として崇められているトーテム動物を殺害して食べることが許される。他方で人間たちは、食物や飲物のみならず、先に見たように、自らの血液さえをもトーテムに捧げるのである。こうした相互行為によって、共同体の生命が更新され、聖なるものの永続が可能となる。

　「積極的礼拝」が歓喜と祝福の祭儀であるとすれば、「贖罪的儀礼」は、苦悶と悲哀の祭儀である。それが行われるのは、氏族の成

員が死亡したとき，聖物が奪われたとき，収穫不足によって飢餓状態に追い込まれたとき，等である。その際に彼らは，絶叫と落涙によって苦悶の感情を赤裸々に表出するのみならず，鋭利な石や，火で焼けた棒を用いて自己の身体を傷つけたり，憤激に促されて仲間同士で格闘を始めたりする。それは，集団全体の生命力が衰弱してしまったことに対する率直な反応なのである。これについてデュルケムは，共同体全体で特定の激しい感情を共有することは，結果的に社会の生命力を再活性化させることにつながると見なす。いわゆる「集合的沸騰」こそが，社会を産出する根源力なのである。

　デュルケムは，オーストラリアの宗教を分析するなかで，現代フランスに対する考察をしばしば織り込んでいる。彼によれば，フランスという国家もまた，革命という集合的沸騰の産物であり，ときに兵士は，国旗という聖物を守るために自らの命を捧げることになる。しかしフランスは今や，社会的活力を減退させ，アノミーの病理が蔓延した状態にある。果たしてわれわれは，宗教の新たな様式を見出し，再び社会を活性化させることができるのだろうか。本書は，こうした切実な問いを提示して幕を閉じる。皮肉にも，その直後にデュルケムは，近代国家の余りにも危険な「沸騰」の姿──第一次世界大戦──を目の当たりにすることにもなったのだが。

エミール・デュルケム（Émile Durkheim, 1858-1917）

　フランス・ロレーヌ地方で，ユダヤ人のラビの家系に生まれる。幼少時よりユダヤ教の教育を受けたが，次第に宗教への懐疑を深め，ラビになる道を断念。『社会分業論』により博士号を取得，ボルドー大学やパリ大学で教授を務めた。『宗教生活の原初形態』を発表した後，第一次世界大戦で息子を失った衝撃から衰弱し，59歳で死去。

ジークムント・フロイト

『トーテムとタブー 未開人の心の生活と神経症者の心の生活における若干の一致点』
Totem und Tabu: Einige Übereinstimmungen im Seelenleben der Wilden und der Neurotiker, 1913

門脇健訳,『フロイト全集12』所収,岩波書店,2009年

――「母との一体化」から「父の権威の承認」に至る道程――

「もし故郷に帰れば,汝は父王を殺し,母と褥(しとね)を共にすることになるだろう」。オイディプスはデルフォイの神託所で,こうした宣告を受ける。恐れ戦(おのの)いたオイディプスは,神託の成就を避けようと行動するが,皮肉にもそれが,結果的に神託の実現を招き寄せてしまう。自分が父を殺し,母と交わったことを悟ったとき,オイディプスは自らの手で両目を潰し,長い放浪の旅に出る――。

フロイトにとって,ソフォクレスの『オイディプス王』は,単に優れた戯曲であるというだけでなく,人間精神に潜む普遍的ドラマの筋立てを暴露するものであった。すなわちフロイトによれば,人間は幼児期において,母に対して性欲を抱く一方,その障害となる父を殺害することを望むのである。精神分析の名の下に広範に展開されたフロイトの思索において,「エディプス・コンプレックス」の理論は,常に中心的位置を占め続けた。ここではまず,『トーテムとタブー』に至るまでのフロイトの歩みを簡単に振り返っておこう。

ヒステリー研究

初期のフロイトは，もっぱら「ヒステリー」の研究を手掛けた。ヒステリーとは，ギリシャ語の「子宮（ヒュステラ）」に由来し，古くは，子宮が体内で動き回るために生じると考えられた疾患である。その主な症状は，身体の麻痺，失語症，呼吸困難，健忘，視覚や聴覚の障害などである（現在ではヒステリーという病名は使用されていないが，大凡のところ「解離性障害」がそれに該当する）。

19世紀には，フランツ・アントン・メスメルやジャン＝マルタン・シャルコーが，催眠術による治療を提唱した。『ヒステリー研究』（1895）を著したフロイトとヨーゼフ・ブロイアーもまた，シャルコーの強い影響下にあったが，彼らは，医師から患者に積極的に働きかける催眠療法に代えて，患者の自発的な発話を促す「談話療法」の有効性を主張した。これは後に，精神分析療法のもっとも基本的な技法である「自由連想法」として発展することになる。

ヒステリー病者の語りにおいてフロイトが看取したのは，病の原因が主に，家族間の葛藤にあるということであった。病者はしばしば，性的関係を許されない家族に対して性的欲望を抱き，他方，それを妨害する別の家族に対して殺害の欲望を抱く。しかし当然のことながら，そうした欲望は公に表明され得るものではなく，密かに無意識下に抑圧される。そして，抑圧された性的エネルギーは，やがて各種の身体症状として回帰してくるのである。

幼児の性欲論

『ヒステリー研究』を公刊した後，フロイトは，人間の成長過程における性的欲望の変遷と，それにまつわる家族間の葛藤についての探究を進めた。その結果として彼は，人間には幼年期からすでに

性欲が存在し、その形態が段階的に変容するということを見出した。『性理論三篇』（1905）を始めとする諸論考に示されたフロイトの考えによれば、誕生から思春期に至るまで、人間の性欲は五つの段階を経て変化する。それは、1）口唇期（誕生～1歳半頃）、2）肛門期（2～3歳頃）、3）男根期（3～6歳頃）、4）潜伏期（6～12歳頃）、5）性器期（思春期以降）である。

第一の「口唇期」において幼児は、もっぱら授乳によって生命を維持する状態にある。自己と他者の区別は未だ明確ではなく、彼は、母親の乳房を唇で吸引することに強い快楽を覚える。

第二の「肛門期」は、排便のしつけが行われる時期に当たる。この時期に幼児は、糞便の排出に自覚的になるとともに、その行為自体を心地良いと感じるようになる。

第三の「男根期」では、性に関する知的探究が開始される。この時期に幼児は、男女の体の違いや、子供が生まれてくる方法に強い関心を示す。それとともに男児は、悪事を働けばペニスを切除されるのではないか（去勢不安）、女児は、自分にペニスがないのは何らかの身体的欠陥なのではないか（ペニス羨望）という幻想を抱く。

幼児の性欲は、男根期に初めて明瞭な発現を見た後、数年にわたる「潜伏期」を迎える。自己の身体や異性への関心は一時的に影を潜め、社会規範の修得や基礎学習にエネルギーが注がれる。

第五の「性器期」＝思春期を迎えると、男女の体は急速に成長し、精通や初潮といった性徴が現れる。その身体は、今や性交や出産が可能となり、性の対象はもっぱら異性の他者に向けられる。また、すべての性的欲動は、性器領域の優位に服するようになる。

このようにフロイトの見解によれば、人間の性欲は多様な形態を経験しながら、最終的には成人としての性機能に収斂してゆく。と

はいえ，すべての人間が「正常」な形の性欲に到達することができるわけではない。幼年期の性欲は，むしろ根本的に倒錯的であり，その各段階をうまく克服できない場合，サディズムやマゾヒズム，窃視症や露出症，スカトロジー，フェティシズム等の「異常性欲」を発現させることになる。20世紀初頭の社会は，性に関するフロイトの大胆な見取り図を，衝撃と反発をもって迎えたのだった。

エディプス・コンプレックスと神経症

　フロイトの性欲発達論を概観すると，第四の「潜伏期」を境に，その前後で人間の主体性が大きく変化していることが見て取れる。すなわち，第一期から第三期までの期間，幼児の欲望は自体愛（オートエロティスム）（自分の体を愛すること）や自己愛（ナルシシズム）を基調としており，世界における現実的な無力さにもかかわらず，彼の意識は総体として，誇大な全能感を帯びている。そしてその欲望は，自己自身，あるいは，第一の庇護者である母親に向けられることになる。

　しかしながら，第三の「男根期」において，幼児の精神は最初の困難に直面する。すなわち，人間には男女の性差が存在すること，自己と他者を区別しなければならないこと，いつまでも母親を独占してはおけないこと等の現実に，幼児は向き合うのである。

　同時に幼児は，そうした現実を拒絶・否認することにより，性的能力を剥奪＝去勢されるのではないかという恐れを抱く。フロイトは，「ある5歳の少年における恐怖症の分析」(1909)において，ハンス少年が父親に対して抱いた敵意と愛着について考察し，それを契機に，エディプス・コンプレックスの概念を明確化していった。

　潜伏期の数年間，子供はアンビヴァレントな感情に苦しめられながらも，徐々に母親の手を離れ，父親と，そして社会と折り合う方

第2部　宗教の基礎理論　　　　　　　　　　　　　　　67

法を模索してゆく。それを達成することによって彼は、成人としての主体性を初めて確立することができるのである。しかし、家庭や社会環境の問題により、エディプス・コンプレックスの克服に失敗すると、ヒステリーを含む各種の神経症に陥ることになる。

近親姦と殺害の禁忌

　以上のようにフロイトは、幼児が未だ母親と一体化し、夢想的な全能感に浸っている状態から、父の権威を承認し、現実社会と折り合いを付けるに至るまでのプロセスを描き出した。そして『トーテムとタブー』では、こうした理論を宗教の分野に応用することを試みている。本書は、「インセストの忌避」「タブーと感情の蠢(うごめ)きの両価性」「アニミズム、呪術そして思考の万能」「幼児期におけるトーテミズムの回帰」という四つの論文から成る。

　まず第一・第二論文においては、トーテミズムに見られる数々の特徴のなかで、二つの禁忌(タブー)が取り分け重要であることが指摘される。すなわち、トーテムとして崇拝される動物を殺さないこと(殺害禁忌)、同じトーテムに属する異性と性交しないこと(近親姦禁忌)である。フロイトは、こうした禁忌が課されたのは、未開人たちが元来、これらの行為を強く欲望していたからであろうと推測する。しかし他方、禁忌を侵犯してしまうと、当人は激しい罪責感に苛まれることになるため、未開人のトーテムへの感情は、魅惑と忌避、清浄と不浄という両価性に引き裂かれたものとならざるを得なかった。フロイトは、未開社会のトーテミズムに見られる諸種の強迫的禁忌は、現代の神経症者が抱く強迫観念と類似していると指摘する。

　第三論文でフロイトは、フレイザーの『金枝篇』や『トーテミズムと族外婚』を参照し、そこに描かれた呪術・宗教・科学という発

展論的図式を，自身の精神発達論と重ね合わせようとする。すなわちフレイザーは，超自然的な力を誇る優秀な呪術師が，共同体の幸福を祈念する祭司王に変容したという説を提示したが，フロイトはそれを，人間の精神がナルシシズム的な「思考の万能」状態を脱し，社会的規範を受容してゆく過程として捉え直したのである。

原父殺害と「死せる父」の影響力

第四論文では，フレイザーの他，ヴントやデュルケムのトーテミズム論が参照されるが，もっとも重視されているのは，ロバートソン・スミスの『セム族の宗教』である。スミスによれば，セム系の諸部族においては，個人的判断で家畜を殺害することは厳格に禁じられていたが，供犠の饗宴の際にはその禁忌が解除され，部族全員の手で動物が殺害された。供犠動物は，神や共同体と同一視されており，部族の成員たちは，その神聖な血肉を共食することによって，相互の絆を深めたのである。

トーテムとタブーの関係を解明するため，最終的にフロイトは，スミスの供犠論を援用しながら，「原父殺害」の仮説を提示する。すなわち，原始において人類は，他の高等猿類と同様，強力な男を首領＝原父とする群族を形成し，そして原父は，群れに属するすべての女を独占していた（ハーレム）。息子たちが大きくなり，原父を脅かす恐れが生じると，原父は息子を群れから追放したのである。

息子たちは，一対一の戦いでは原父にかなわなかったが，あるとき一斉に原父に襲いかかって彼を殺害し，その肉を食べ尽くした。「暴力的な原父は，兄弟のそれぞれにとって羨望されるとともに畏怖される模範像であった。そこで彼らは食べ尽くすという行動によって父との同一化を成し遂げ，それぞれが父の強さの一部を自分の

ものにしたのであった。おそらく人類最初の祝祭であるトーテム饗宴は、この記念すべき犯罪行為の反復であり、追想式典なのであろうし、それとともに、社会編制、習俗的諸制限そして宗教などのあらゆるものが始まったのであろう」(182頁)。

原父殺害を成し遂げた後、兄弟たちを襲ったのは、激しい罪責意識と、原父に対する憧憬・情愛といった、アンビヴァレントな感情であった。そこで彼らは、父の代替物としてトーテム動物を崇拝し、それを殺害してはならないこと、父が独占していた女たちと性交してはならないこと、という二つの禁忌を「法」として定め、原父の死を記念するとともに、再び誰かが彼の地位を占めることを抑止したのである。フロイトは、このような仮説こそが、二つのタブーの由来をもっとも合理的に説明するものであると主張している。

宗教に備わる本質的側面の一つは、超越的権威に人を従属させることにあるが、そうした秩序形成のプロセスは実際には、障害なく自動的に進行するわけではない。そしてフロイトが試みたのは、そもそも人はいかにして超越的権威を内面化させるに至るのか、また、それに失敗したときに人には何が起こるのか、という秘められたドラマを暴き出すことであった。フロイトの議論は、ときに狭義の実証性を逸脱するため、これまで多くの批判を引き寄せてきたが、宗教の形成過程における内的ダイナミズムを描出しているという点において、今日でも顧みられるべき価値を保ち続けていると思われる。

ジークムント・フロイト (Sigmund Freud, 1856-1939)

　オーストリアの精神科医・神経病学者であり、精神分析学の創始者。主な著作に、『ヒステリー研究』(1895)、『夢判断』(1900)、『精神分析入門』(1917)、『モーセという男と一神教』(1939) 等がある。

★コラム①　「フィクション」という概念

「はじめに」で述べたように，私は宗教を，「虚構の人格」を中心に掲げることによって形成されるシステムとして捉えている。宗教を分析する際に，虚構＝フィクションという概念が必要不可欠であるという考えは，私のなかで徐々に形を取っていったが，取り分け強く影響を受けたものとしては，次の二つの学派を挙げることができる。

（1）南原繁・丸山眞男・福田歓一の政治学
　社会を合理的に統治するために，人為的フィクションによって秩序を創設するという考え方が明確化されたのは，近代になって以降のことであった。すなわち，ホッブズの社会契約論や，カントの「存在」と「当為」の区別などがそれである。特にカントの理論は，多くの後継者によって発展させられていった（森鴎外が1912年に発表した小説「かのように」には，明治の日本人が新カント派の哲学者ハンス・ファイヒンガーのフィクション論を摂取する様子が語られている）。政治学者の南原繁もまた新カント派に属し，彼の歴史観は，丸山眞男の「作為の契機」，福田歓一の「自然」と「人格」といった概念機制に受け継がれた。福田の著作『近代の政治思想』（岩波新書，1970）や『政治学史』（東京大学出版会，1985）は，宗教史の理解のためにも参考になる。

（2）ピエール・ルジャンドルのドグマ人類学
　しかし他方，人間が言葉の力によって新たな秩序を作り出すという行為自体は，近代においてほど自覚的ではなかったにせよ，それ以前からすでに始められていた。ルジャンドルは，ローマ法や教会法を主な研究対象とする法制史家であり，ときに精神分析の概念を援用しながら，キリスト教史のみならず，古今東西の文化に見られるフィクションの組み上げ＝「ドグマ」的編制を解明しようと試みている。『ドグマ人類学総説』（平凡社，2003），『ロルティ伍長の犯罪　「父」を論じる』（人文書院，1998）が，ドグマ人類学への良き導入となる。

第3部

中世における政治と宗教

マルセル・パコー

『テオクラシー　中世の教会と権力』
La théocratie: L'Église et le pouvoir au Moyen Âge, 1957

坂口昂吉・鷲見誠一訳，創文社，1985年

——教皇権の伸張と「主権」概念の生成——

　西洋の歴史全体を振り返ってみた場合，われわれは全般的に，古典期のギリシャ・ローマや初期キリスト教といった古代の歴史，そして，ルネサンスや宗教改革から現在に至る近世以降の歴史については，ある程度の知識を有し，各時代の姿を具体的に思い描くことができるのだが，両者のあいだに横たわる約一千年間の中世期に関しては，そのイメージを摑むのが困難であることに気づく。果たして中世の社会は，どのような構造を備えていたのだろうか。

　プロテスタント神学者のエルンスト・トレルチが，西洋中世を「キリスト教共同体（Corpus Christianum）」と形容したように，その社会は，ローマ・カトリック教会を一つの中心とすることによって成立していた。そして中世の諸思想においては，キリスト教的な世界観によって世俗権力を包摂すること，より具体的に言えば，キリスト教の「神」を頂点に掲げながら，その下で「教権」と「王権」を整合的に位置づけることが模索されたのである。

　西洋中世の政治構造はしばしば，教権と王権という二つの焦点から成り立つ「楕円形的支配」と称されるが，実際のところ，その内実はきわめて込み入っており，全体を俯瞰することが難しい。それ

に対して，本書においてパコーは，中世の教皇権がいかなる理論を駆使しながら政治的領域への介入を正当化していったのかという事柄を，明瞭な筆致で描き出している。パコーが重点的に扱うのは，9世紀から14世紀までの教皇権をめぐる議論であるが，まずは簡単に，その前史を確認しておこう。

キリスト教と政治

本書の題名である「テオクラシー」は，文字通りには「神の支配」を意味し，日本語では通常「神権政治」や「神政政治」と訳される。最初にこの言葉を用いたのは，ユダヤ人の歴史家フラウィウス・ヨセフスであるとされ，彼はユダヤ民族の政治体制を，王制とも寡頭制とも民主制とも異なる「テオクラシー」であると位置づけたのであった（本書の「訳者あとがき」313頁を参照）。

テオクラシーとは，狭義においては，共同体統治の最高権力を神が掌握する体制を指す。しかしながら広義においては，政治支配者に何らかの神性や聖性が認められる場合も，それに含まれると考えることができるだろう。近代的な諸原則が普及する以前，政治と宗教は，さまざまな仕方で相互に癒着・結合しているというのがむしろ一般的であり，その意味でテオクラシーは，形態や程度はさまざまであれ，前近代の社会に広範に見られる現象であった。

それでは，キリスト教は本来，現世の政治に対してどのようなスタンスを示していたのだろうか。イエスが活動していた時代，ユダヤ地方はローマ帝国の属州となっており，おそらく生前のイエスは周囲の人々から，新たなメシア＝キリスト（油を注がれた者）として，ユダヤ民族を独立させるための指導的役割を果たすことを期待されていた。しかし周知のように，彼は実際にはローマ官憲の手に

よって処刑されたのであり、現世を統べる強力な王として君臨し得たわけではない。むしろイエスが説いたのは、「カエサルのものはカエサルに、神のものは神に」という言葉に表されているように、世俗の秩序と神の秩序を区別するべきであるということ、さらには、現世を超えた「神の国」の到来が近いということであった。

とはいえ、期待された世の終末は直ちには訪れず、キリスト教はその後、現世における教会と国家の関係を明確化するため、整合的な理論や世界観を探し求めてゆくことになる。

なかでも大きな転換点を画したのは、ローマ帝国によるキリスト教公認（313）、西ローマ帝国の滅亡（476）、教皇によるカール大帝の戴冠（800）、という三つの出来事であった。まず最初に、コンスタンティヌス帝のキリスト教公認によって、教会と帝国のあいだに存在していた対立や緊張は緩和され、帝権は教会を保護する役割を神から与えられているという観念が生まれた。しかし、ゲルマン諸族の度重なる侵入により、帝国の衰弱には歯止めが掛からず、西ローマ帝国は滅亡に追い込まれ、その後は奇妙にも、教会が「帝国の権威」の継承者として振る舞うことになる。西欧における覇権を確立したフランク族の王カールに対して、教皇レオ三世が帝冠を授与したのは、そのことを象徴的に示す出来事の一つであった。

カトリック的テオクラシーとは

本書の冒頭でパコーは、中世に現出したカトリック的テオクラシーを、次のように定義している。すなわち「テオクラシーとは、教会が世俗の諸問題について主権を保持すると考える教説」（3頁）、より具体的には、教会組織の頂点に立つ教皇こそが、現世における主権を保持する体制を意味する。

しかしそもそも、創始者イエスをローマの官憲によって処刑され、現世の終末を待望していたキリスト教が、どのような経緯によって世俗に対する主権的地位を主張するに至ったのだろうか。本書においても、その理由は必ずしも明確に説明されるわけではないが、もっとも大きな要因として考えられるのは、各時代の政治権力者が、確固とした道徳的権威や、それに伴う法体系を必要としたということである。パコーは、ゲルマン諸族の王がキリスト教に接近した理由を次のように記している。「王は法律をつくる権威をもたず、したがって公的裁治権の諸原則を定める権威をもっていなかった。王は彼自身、慣習に従属していたのである。実に、キリスト教はこの慣習を変え、この慣習がかつて持っていなかった精神を与えることになったのである。そしてその結果、王はこの精神を、強制されてではないにせよ、尊重するよう勧告されたのである」(32頁)。

他方でキリスト教の側でも、政治への介入を正当化する根拠を積極的に提示していった。現在、悪名とともに広く知られているのが、いわゆる「コンスタンティヌスの寄進状」である。この文書によれば、ライ病に罹患したコンスタンティヌス帝に対し、当時のローマ教皇シルウェステル一世が洗礼を授けることによってその病が快癒したため、皇帝は返礼として、イタリアや西方属州の支配権を教皇に委ねたという。「寄進状」は、15世紀になって偽書であることが暴露されたが、それまでの長期にわたって、西欧における教皇の首位権や、教皇による王への帝冠授与を正当化する根拠として、大きな影響力を振るい続けたのである。

パコーの考えによれば、テオクラシーの基盤となる諸観念は、カール大帝やルイ一世治下のカロリング朝において、すでに準備されていた。すなわち、王が聖職者に服従すべきこと、王の廃位や後継

者の選出に教皇が介入すること等である。中世の社会においては，政治的権力としての王権と，道徳的・霊的権威としての教権が並び立ったが，カトリック的テオクラシーにおいては，あくまで前者に対して後者が優位に立つものと主張された。教会こそが，キリスト教的道徳を社会に普及させ得る特権的な存在であり，世俗権力は，そのための仲介的手段に過ぎないと見なされたのである。以降の歴史においては，王権と教権が相互に影響を及ぼし合うなかで，テオクラシーの理論がその完成度を高めてゆくことになる。

テオクラシーの発展と衰退

9世紀から14世紀にかけて，テオクラシーの体制は複雑な経過を辿り，やがては衰退に向かうのだが，ここでは本書で取り上げられている論題のなかから，特に重要な三点を紹介しておこう。

1）叙任権闘争……王権と教権は当初，相互に手を携えて発展したが，その結果，教会の主要な役職は，王侯・貴族の関係者に占有されるようになった。この状況に対して教皇グレゴリウス七世は，司祭妻帯（ニコライズム）と聖職売買（シモニア），さらには俗人による聖職叙任を禁止することにより，教会の刷新運動に着手した。神聖ローマ皇帝ハインリヒ四世はそれに反発したが，グレゴリウスは彼を破門し，教書『ディクタートゥス・パパエ』において，教皇が皇帝に優越することを明確に宣言した。すなわち，「教皇は，すべての君主がその足に接吻する唯一の人である。彼の名は世界で唯一のものである。彼のみが皇帝の印章を用いることができる」（109頁）。グレゴリウスの改革によってカトリック教会は，教皇を頂点とする中央集権的組織へと変貌していったのである。

2）教会法の発展……教皇権の伸張を背後から支えていたのは，

教会法の体系の発展であった。カトリック教会は，コンスタンティヌス帝の公認を受けて以降，ローマ法を積極的に受容する一方，公会議の決定や教皇・司教の教令を法源として，独自の法体系を作り上げた。教会法は，6世紀初頭の『ディオニシアーナ』，9世紀中葉の『偽イシドールス教令集』等，幾度もの集成を経て洗練されていったが，大きな画期となったのは，12世紀に編纂された『グラティアヌス教令集』である。この文書では，約4000に及ぶ法令が整理・統合されると同時に，教皇こそが霊的事柄に関するすべての立法権を有することが明確化された。ゆえに教皇は，皇帝や王を裁くことが許される一方，彼自身は誰からも裁かれることがないのである。教皇のこのような法的地位は，後に「真にして完全な至高権 (plenitudo potestatis)」として定式化されることになる。

 3) 国家論からの反駁……テオクラシーの教説は13世紀まで発展を続けたが，14世紀になると，それに反対する理論が現れ始めた。その代表作は，ダンテの『帝政論』，マルシリウス・パドヴァの『平和の擁護者』，ウィリアム・オッカムの『対話篇』である。これらの著作においては，聖俗両権を完全に分離すべきこと，さらには，皇帝や国家こそが現世における主権的地位を占めるべきことが主張されている。ダンテは，教会が「コンスタンティヌスの寄進状」を根拠として，世俗の領域に対する支配権を要求し始めたことを問題視した。またマルシリウスは，国家とは道徳的息吹に満ちた共同体ではなく，物質的利害を調整するための機構であり，立法の根拠は，神ではなく人民に置かれるべきであると唱えた。そしてウィリアム・オッカムは，教会とは本来，俗人を含め，洗礼を受けたすべての人間の集合体であるが，それにもかかわらず，教皇を始めとする高位聖職者のみが数々の特権を享受していることを鋭く論難

したのである。これらの思想は，後の宗教改革や社会契約論におけるカトリック批判の先駆を為すものであり，その影響から，テオクラシーの理論は徐々に退けられてゆくことになった。

近代国家の雛形としての教会

「帝国の権威」の継承者としての教会と，現世における主権を掌握する教皇——このようなテオクラシーの主張に対して，それはキリスト教の発展というより，むしろ原初的精神からのはなはだしい逸脱ではないかという批判が次第に高まっていったことは，理の当然とも言えよう。その結果として，プロテスタント諸派の興隆による教会の分裂から，幾度もの宗教戦争を経て，近代的政教関係の確立へと至る一連の流れが生み出されることになる。

しかしながら，歴史の推移を巨視的に捉えた場合，テオクラシーの理論や体制にも，積極的な意義があったことを見逃すわけにはゆかない。教区の分割に基づく官僚的統治，福祉や学問に関連する施設の充実，教会法の体系に即した社会制度の整備，選挙による教皇の選出，立法者としての主権者という観念など，そこには，近代国家の雛形と見なし得る要素が数多く存在しているからである。容易には近寄りがたい中世神学の領域に分け入ろうとする際，本書は，その適切な導入の一つになると思われる。

マルセル・パコー（Marcel Pacaut, 1920-2002）

　フランスのリヨン生まれ。リヨン大学文学部で歴史学を学ぶ。リヨン大学の教授，リヨン政治学研究所所長を務めた。専門は中世教会史・政治思想史。『西洋中世の政治構造』（1969），『教皇制の歴史』（1976），『クリュニー修道会』（1986）等，多数の著作がある。

エルンスト・H・カントーロヴィチ

『王の二つの身体　中世政治神学研究』
The King's Two Bodies: A Study in Mediaeval Political Theology, 1957

小林公訳，上下巻，ちくま学芸文庫，2003年

――「コーポレイション」＝共同体／法人の系譜学――

　中世の政治神学を主題とする本書の冒頭には，その導入として，次のようなエピソードが記されている。ある日カントーロヴィチは，ベネディクト修道会発行の定期刊行物を読んでいた。するとそこでは，修道会の名称に〈Inc.〉（＝Incorporated）という略号が付されていた。ベネディクト会とは，529年に創建されたカトリック最古の修道会だが，現代の法体系においてこの団体は，数々の企業や会社と同じく，「コーポレイション」の一つと見なされるのである。

　コーポレイション＝法人とは，改めて言うまでもなく，現在の社会を成り立たせる上で不可欠の概念・制度である。「国家法人説」のように，国家そのものを，法的擬制によって作り上げられたコーポレイションの一つと考える学説も存在する。それではこの概念は，歴史的にどのような経緯を辿って成立してきたものなのだろうか。カントーロヴィチは，中世のキリスト教神学と王権論の言説を丹念に分析することにより，その変遷を跡づけようとする。

自然的身体と政治的身体

　考察のための足掛かりとして最初に取り上げられるのは，エリザ

ベス一世治下に作成された判例集にしばしば見られる，王が有する「二つの身体」に関する記述である。ある判例には，次のような文章が存在する。「王は二つの能力を有している。というのも彼は二つの身体を有するからである。その一つは自然的身体であり，これは，他のあらゆる人間と同じように自然的な四肢から成り，この点で，王は他の人間と同じように感情に動かされ，死に服するのである。他の一つは政治的身体であり，その四肢は王の臣民たちである。(中略) 王と臣民が一緒になって団体（コーポレイション）を構成するのであり，王は臣民と合体し，臣民は王と合体する。この身体は他の身体とは異なり，感情に動かされることなく，死に服することもない。(中略) したがって，我々の法において，王の自然的な死は王の死（デス）とは呼ばれず，王の崩御（デイマイズ）と呼ばれているのである」(上巻35-36頁)。

このように王は，やがては死を迎える肉体を備えた一人の人間でありながら，同時に，臣民と一体となることによって形成される不死の「団体（コーポレイション）」＝政治的身体を纏っている。イングランドの歴史においては，国王の政治的身体の名前と権威に基づき，彼の自然的身体と争うために軍隊を招集する，あるいは，政治的身体としての王が議会内に留められる一方，自然的身体としての王はそこから閉め出されるといった出来事が，実際に発生してきたのである。

16～17世紀の絶対王政期に唱えられた王の身体の二重性，取り分け，王の「政治的身体」という観念は，どのような仕方で形成されてきたのだろうか。本書は，11世紀以降におけるその経緯を，「キリストを中心とする王権」「法を中心とする王権」「政体を中心とする王権」「人間を中心とする王権」に大別して跡づけている。以下では，その内容を概観しよう。

〈キリスト〉から〈法〉へ

　まず、第三章「キリストを中心とする王権」では主に、ノルマンの逸名著者が1100年頃に著したとされる『司教と王の聖別について』という文書が取り上げられる。前項でも触れたように、この時代は叙任権闘争が進行中であり、王権と教権のあいだの亀裂が徐々に拡大しつつあったのだが、それでも両者は、なお深い依存関係にあった。王権の正統性と神聖性は、教会で執行される「塗油」の儀礼によって証し立てられると考えられていたのである。

　塗油とは本来、ユダヤ教で行われる聖別儀礼であった。塗油を受けた王は「メシア」(「油注がれた者」の意。ギリシャ語でキリスト)と呼ばれ、彼が持つ権力は、神に嘉された神聖なものと見なされた。それを受けてキリスト教では、イエスこそが真の王＝キリストであり、永遠に聖別された者であると唱えられた。さらに『司教と王の聖別について』によれば、キリスト以後の王たちは、聖職者から塗油を受けることによって、「キリストの影」あるいは「キリスト模倣者」としての資格を認められることになる。世俗の王は、本質的には一人の人間に過ぎないが、塗油を通してもたらされる神の恩寵によって、一時的に「神化」すると見なされたのである。

　このように、中世初期の王権論は全体として、塗油というキリスト教の儀礼や、キリストを神であると同時に人であるとする教義(両性説)の上に構築されていた。しかし12世紀に入ると、王権の正統性の根拠は徐々に、「キリスト」から「法」へ移行するようになる。第四章「法を中心とする王権」では、その経緯が論じられる。

　ボローニャ大学の活況や『グラティアヌス教令集』の編纂に見られるように、西欧の法学は12世紀に一つの画期を迎えたが、その影響は王権論にも及んだ。カントーロヴィチが重視しているのは、

神聖ローマ皇帝フリードリヒ二世が1231年に発布したシチリア国法の集大成『アウグストゥスの書』である。13世紀に教皇は「地上における生ける法」と表現されていたが，同書の注釈者は，皇帝に対しても「生ける法」という呼称を適用した。そこでは，「皇帝は自らの胸中の文庫にあらゆる法を納めている」というローマ法由来の法諺の再生が見られる。法学の発展を受け，この時代に皇帝は，法や正義を一身に体現する存在と捉えられたのである。

神秘体としての国家

第五章「政体を中心とする王権」では，教会と国家の絡み合いから生じた「神秘体（corpus mysticum）」という概念について論じられる。中世全般にわたって，教会と国家は複雑な仕方で交錯し続けたが，両者の関係は13世紀に一つの極点に達した。カントーロヴィチはその状況を，次のように要約している。「教皇は「君主」ないし「真の皇帝」とも呼ばれていたが，この〈教皇の大権〉の下で，ローマ教会の位階的な機構は，次第に神秘的基礎を有する絶対的で理性的な君主国の完全なる原型と見なされるようになった。そして同時に他方で国家は，擬似的な教会ないし理性的な基礎を有する神秘的団体となる傾向を漸次示していった」（上巻256頁）。

国家が教会から自立してゆく過程で重要な役割を担ったのが，先述の「神秘体」という概念である。これは本来，パウロが唱えた「キリストの体（corpus Christi）」としての教会という観念に由来する。これを基に，カロリング期には「キリストの神秘体」という表現が使われ始め，さらにそこからキリスト教的要素が脱落してゆき，やがては「神秘体」という概念が世俗の団体にも適用されるようになった。その結果13世紀中葉には，ボーヴェのウィンケンティウ

スによって「国家の神秘体」という表現が編み出されたのである。

　この概念によって国家は，教会と同様，有機的構造を備えた永遠の生命体として捉えられるようになった。それとともに復興してきたのが，「政治的献身の対象，そして半ば宗教的な感情の対象となった〈祖国〉（patria）としての王国という観念である」（上巻302頁）。古代において祖国は，人々が自身の生死を委ねるべきあらゆる価値の集合体であったが，中世には，そうした観念はほとんど忘れ去られていた。ところが教会には，最終的に帰還するべき場所，生命を捧げる対象としての「天の王国」という観念が保存されていた。カントーロヴィチは，慈愛や殉教など，数々のキリスト教的観念が世俗の領域に移入された結果，「祖国愛」や「祖国のために死ぬこと」といった倫理観が醸成されていったと論じている。

死を越えて生きる王

　しかし他方，叙任権闘争を契機に開かれた教会と国家の懸隔は，なおも拡大を続けていた。その例証の一つとして，教皇インノケンティウス三世が発した「聖なる塗油について」という教令を挙げることができる。このなかで教皇は，頭に塗油を受けることを許されるのは司教に叙階される者だけであり，王に対してそれを許してはならないと主張し始めた。この宣言によって，かつての「キリストを中心とする王権」のように，キリスト教儀礼に基づいて王権の正統性を確立することが不可能となったのである。ゆえに王権は，13世紀後半以降，自らの正統性と永続性を根拠づけるための新たな象徴を探究してゆくようになる。

　第七章「王は死なず」には，王権独自の象徴に関するさまざまな事例が挙げられているが，ここでは，王冠，万歳斉唱，王の肖像と

いう三つの形式について触れておこう。

「キリストの体」＝教会においてキリストが「頭」に位置づけられたように、「国家の神秘体」において国王は、その「頭」であると見なされた。そして、彼の頭に被せられた王冠は、主権の所在を明らかにすると同時に、王国自体が代々の王を越えて永遠に存続することを意味したのである。王の代替わりの際には、前任者から後継者へと王冠が委譲されたが、それは「法の擬制によって父親と息子は一つである」ことを象徴的に証し立てるものと捉えられた。

フランス国王が死去すると、彼の遺体は慣例的にサン＝ドニ修道院に埋葬され、その際に群衆は、「王は死せり、国王万歳＝王よ生きよ（Le roi est mort! Vive le roi!）」という文言を叫んだ。それによって、一人の人間としての王の死にもかかわらず、その権威が世代を越えて継承されることが示されたのである。

また当時は、王の肖像が盛んに作られたが、それは「個人としての王の死にもかかわらず王としての王は生き続ける」（下巻183頁）ことを象徴的に表現するためであった。その典型例は、棺の上に設置された木像や石膏像である。棺に納められた王の遺骸が、時の経過とともにやがて朽ち果てるのに対し、その上にある彼の肖像は、王の威厳が永続することを表した。それはまさに、「自然的身体」と「政治的身体」という王の二つの身体に対応していたのである。

第八章「人間を中心とする王権」では、ダンテの国家論と人間論が分析される。彼は『帝政論』において、教会の〈神秘体〉に対し、国家の〈統合体〉を並置させた。彼によれば国家は「道徳的かつ政治的な身体」であり、教会から独立した固有の役割を有する。「教皇がキリスト教徒の魂を超自然的な照明へと導く任務を神の摂理により負っているのと同様に、自然理性や、法学をその一部門とする

道徳哲学を手段として人間精神を世俗的な至福へと導くことが、皇帝の主たる責任だからである」(下巻238頁)。また、彼の代表作の『神曲』では、ダンテ自身が地獄と煉獄を経めぐり、最後に天国へと到達する行程が描かれるが、それは、人間が神の恩寵によって救済されるのではなく、哲学や世俗的叡知といった自身に備わる力によって罪の状態から離脱し得ることを示しているのである。

宗教的制度の根幹としての「共同体」

『王の二つの身体』は、一言で言えば、「キリストの体」という宗教的観念が世俗の世界に移入される経緯を論じた歴史書であるが、その射程は実に、遥か広範囲に及んでいる。というのは、多数の人間から成る組織が単一の「共同体=法人(コーポレイション)」として表象され、世代を越えて継続してゆくといった事柄は、まさに宗教的制度の根幹に位置するものと考えられるからである。本書で取り上げられたさまざまな概念を手掛かりに、フレイザーの「王の殺害」論やデュルケムのトーテミズム論、日本の天皇論や国体論、近代の主権国家論や法人論等について再考することは、実り豊かな試みとなり得るだろう。

エルンスト・ハルトヴィヒ・カントーロヴィチ (Ernst Hartwig Kantorowicz, 1895-1963)

　ドイツ領ポーゼン (現在はポーランドのポズナニ) で、ユダヤ人の家系に生まれる。若い頃は熱烈な愛国者であったが、ナチスの政権掌握に伴いアメリカに亡命。1939年にカリフォルニア大学バークレー校で教鞭を執るも、第二次大戦後に大学内に浸透した反共政策への抗議を切っ掛けに離職。その後、プリンストン大学高等研究所教授を務める。他の代表作に『皇帝フリードリヒ二世』(1931)、『王への賛歌』(1946) がある。

菊池良生

『戦うハプスブルク家 近代の序章としての三十年戦争』

講談社現代新書, 1995 年

――「キリスト教共同体」を崩壊させた, 史上最大の宗教戦争――

　15 世紀から 16 世紀にかけて, ヤン・フス, マルティン・ルター, ジャン・カルヴァンといった宗教改革者たちが提起した新たなキリスト教信仰の様式は, カトリシズムの体制を中心に統合を保っていたヨーロッパ世界, すなわち「キリスト教共同体」に深刻な亀裂を生じさせた。そしてその亀裂は, 16 世紀後半以降に各地で表面化し, 多くの内紛や戦争を引き起こすことになる。

　フランスのユグノー戦争や, イングランドのピューリタン革命はその一例だが, もっとも大きな戦乱に発展したのは, 主に神聖ローマ帝国（現在のドイツ）で繰り広げられた「三十年戦争」であった。当初, カトリック陣営とプロテスタント陣営のあいだで勃発したこの戦争は, 多くの国々の参戦によって拡大化と長期化の一途を辿り, ウェストファリア条約によってようやく終結を見る。そしてそれは, 中世とは本質的に異なる国際秩序の成立を意味したのだった。本書ではその込み入った経緯が, 可能な限り簡明に描写されている。

ハプスブルク家による「キリスト教帝国」の夢想

　中世のヨーロッパ社会において,「キリスト教帝国」という理念は, 完全な実現を見ることこそなかったものの, 途切れることなく

存在し続けてきた。その祖型となったのは、キリスト教が国教化された古代末期のローマ帝国である。西ローマ帝国は間もなく滅んだが、カール大帝のフランク王国、オットー大帝の神聖ローマ帝国によって、キリスト教帝国の理念は以後も命脈を保ち続けた。

周知のように神聖ローマ帝国は、その名称とは異なり、多数の領邦国家の連合体に過ぎなかった。しかし16世紀に入ると、真の「帝国」を実現し得るような人物が登場する。すなわち、ハプスブルク家出身の神聖ローマ皇帝、カール五世である。カールは、オーストリアやボヘミヤの他、スペインや南米を含む広大な領域を手中に収め、自国をヨーロッパ随一の強国に押し上げた。とはいえ彼は、ルター派の隆盛を十分に抑えることができず、1555年には「アウグスブルクの和議」を結んで同派に妥協せざるを得なかった。

これに対し、同じくハプスブルク家出身の神聖ローマ皇帝であり、幼少時からイエズス会の教育を受けたフェルディナント二世は、全世界をカトリック化するという強固な野望を抱いていた。1617年にボヘミヤ王に就任した彼は、同地のプロテスタントであるフス派への弾圧に着手する。同派はこれに激しく抵抗、翌年、国王の側近をプラハ城執務室の窓から放り投げるという事件を起こし、それを契機に、反乱の武装蜂起に踏み切る。この年をもって、三十年戦争が幕を開けることになる。

ボヘミヤの反乱軍は、フェルディナントの廃位を宣言し、新たにプファルツ選帝侯フリードリッヒ五世を国王に選出した。そのため、1620年にプラハ近郊で「白山の戦い」が起こったが、フェルディナントはこれに勝利し、反乱軍の鎮圧に成功した。そして、フェルディナントがボヘミヤで厳しい再カトリック政策を施行したことから、約15万人が亡命を余儀なくされたのである。

デンマーク，スウェーデン，フランスとの戦争

　フェルディナント二世の野心が，神聖ローマ帝国内のプロテスタントの一掃，帝国議会に対する皇帝の覇権の確立，さらには，ハプスブルク家主体のカトリック・キリスト教帝国の樹立にあることが明らかになると，周囲の王や諸侯はこれに反発した。なかでも警戒を強めたのは，デンマーク，スウェーデン，オランダ等のプロテスタント諸国と，もう一つのカトリックの強国フランスであった。

　こうした状況のなか，デンマーク王クリスチャン四世は 1625 年，寒冷被害のために衰弱していた北ドイツに侵攻する。フェルディナントは窮地に陥ったが，強力な軍隊を保有する傭兵隊長ヴァレンシュタインの加勢を得ることにより，デンマークとの戦争に勝利し，1629 年に「回復令」を発布する。その骨子は，「カルヴァン派を宗教平和の埒外に置く，プロテスタントに没収された修道院及び教会領はカトリックに返還しなければならない，皇帝は教会領に関する従来の法的裁定を全て無効とし，新たな決定を下す権利を有する」(93 頁) というものであった。すなわち，カトリック信仰と皇帝権力を帝国の中核に据えるというかねてからの悲願を，実際の法令として表明したわけである。

　この方針には，プロテスタントのみならず，多くのカトリック諸侯も抗議の態度を示した。その結果，皇帝軍司令官に着任していたヴァレンシュタインが罷免されることになった。この状況を見たスウェーデン王グスタフ・アドルフは，即座にポンメルン（現ポーランド）に侵攻，帝国のプロテスタント市民に向けて，これは征服ではなく「信仰の敵」との戦いである，と訴えかけた。グスタフ・アドルフは，機動性の高い軍隊を駆使して快進撃を続け，ライプツィヒの北方ブライテンフェルトで行われた会戦では，皇帝軍から大勝

利を収めた。

　これに狼狽したフェルディナント二世は、罷免したヴァレンシュタインを総司令官に復帰させた。そしてグスタフ・アドルフとヴァレンシュタインの両雄は、1632年、ドイツの小都市リュッツェンで激突する。戦闘自体はスウェーデン軍の勝利に終わったが、その最中にグスタフ・アドルフは、流れ弾に当たって命を落とした。

　生き延びたヴァレンシュタインは、自身の権限を踏み越え、スウェーデンとの和平を画策する。しかし交渉が中途で露見し、彼は皇帝によって暗殺された（諸説あり）。こうして三十年戦争の立役者たる両雄は、共に歴史の舞台から姿を消していったのである。

　ヴァレンシュタインの死後、皇帝軍はフェルディナント二世の息子（後のフェルディナント三世）によって率いられた。彼は1634年のネルトリンゲン会戦でスウェーデン軍に勝利、以後も戦況を優位に進め、失地の大半を取り戻すことに成功する。そして皇帝は、プロテスタント諸侯とプラハ条約を結んで和解し、その2年後、「いま御身は我を逝かせ賜う」と神に語りかけながら世を去った。

　プラハ条約によって束の間の平安を取り戻した神聖ローマ帝国に対し、改めて干渉を開始したのは、同じカトリック国のフランスであった。オーストリア、ドイツ、スペインに勢力を広げたハプスブルク家にもっとも強い脅威を感じていたのは、それらの狭間に位置するフランスだったからである。フランスはこれまで、プロテスタント陣営を軍事的・資金的に援助することによって同家を牽制してきたが、宰相リシュリューの統率の下、スウェーデンとの軍事同盟を更新し、1635年にはスペインに対して自ら宣戦を布告した。

　フランスの参戦に奮い立ったスウェーデン軍は、1636年のヴィットシュトックの戦いで皇帝軍に勝利、再び攻勢に転じた。そして

両国の同盟軍は，以後も戦況を有利に進めていった。しかし言うまでもなくこの同盟は，プロテスタント国とカトリック国のあいだで締結されたものであり，それはもはや戦争が，宗派間の対立をめぐって起こっているのではないことを意味していた。すなわち，三十年戦争が始まった当初，各軍隊は神や聖母に戦勝を祈念していたが，それは次第に，「スペイン万歳！」「フランス万歳！」「ドイツ万歳！」等の内容に変化していったのである。これは，長い戦争を経過することにより，軍の団結の基盤が次第にキリスト教信仰から各国のナショナリズムへと移行したことを示すものであった。

ウェストファリア条約——主権国家システムの形成

　戦闘自体は断続的であったにせよ，開戦から20年が経つと，ヨーロッパは著しく荒廃し，飢饉と疫病が蔓延するようになった。戦争はもはや，何らかの大義のために行われるのではなく，兵の食料を奪い合う「戦争のための戦争」に成り下がったのである。主戦場となったドイツの被害が最も大きく，三十年戦争を通してその人口は，2200万から1300万まで減少したと推定されている。

　1644年から和平の動きが始まり，最終的にはスウェーデン女王クリスチナの主導により，1648年にウェストファリア条約が締結された。本書ではその概要として，次の三点が指摘されている。

　1）宗教規定。1555年に締結された「アウグスブルクの宗教和議」が撤廃され，領民が領主と異なる宗教を信仰することが黙認された。これにより，宗教と政治の分離，中世的な神権政治の終焉が確定し，結果として政治の世俗化が進行することになった。

　2）憲法規定。フェルディナント二世の「回復令」が棚上げされ，皇帝の立法権や条約権は，帝国議会の決定に委ねることが定められ

た。また，皇帝や帝国と敵対しない限りにおいて，すべての諸侯の主権が完全に認められた。これにより，神聖ローマ帝国の中央権力は完全に崩壊し，諸侯国が並存する連合体制が成立した。

3）政治的規定。フランスは，アルザスやロレーヌ地方の統治権や司教代理職等，スウェーデンは，前ポンメルンや北部ドイツの司教領等を獲得。スイスとオランダは神聖ローマ帝国から離脱した。

ハプスブルク家の情熱的なカトリック信仰に端を発した三十年戦争は，多くの勢力が自らの正統性を奉じて争い続ける状況を招来した。そしてその惨禍の経験から，ヨーロッパの人々は次第に，非寛容な殲滅に繋がる「正戦」の思想を放棄しなければならないという境地に辿り着いた。「そこで人々は気づいた。すなわち，正戦が必然に持つ，こうした果てしない消耗戦争という泥沼から這い出すには，「他者」の存在を容認するしかない，と。そしてその「他者」を自らと同等の敵であると見なし，戦争を殲滅戦から限定戦に合理化する。そのとき戦争は神々の手から離れ，宗教のドグマから逃れ，国家と国家の戦争に限定されていく。脱正戦論が唱えられ，戦争は国家間のパワー・ゲームとなっていく」（195頁，傍点は原文）。

こうしてヨーロッパ社会の構造は，カトリック信仰に基づく「キリスト教共同体」から，複数の主権国家による抑制均衡のシステム，すなわち，近代的な政教体制へと移行していった。すなわち近代は，激しい宗教戦争による流血の上に築かれたのである。

菊池良生（きくち・よしお，1948- ）

茨城県に生まれ，早稲田大学大学院に学ぶ。現在，明治大学教授。他の著作に，『傭兵の二千年史』（2002），『神聖ローマ帝国』（2003），『ハプスブルクをつくった男』（2004）等がある。

井筒俊彦

『イスラーム文化　その根柢にあるもの』

岩波文庫，1991 年（原著刊行は 1981 年）
――イスラームの体系を形成する，「法と神秘」のダイナミズム――

　井筒は，戦後日本におけるイスラーム研究の第一人者であり，なかでもイスラーム神秘思想への深い傾倒で知られる。世界中の名だたるロマン主義者たちの集会場と呼ぶべき「エラノス会議」（ルドルフ・オットーの呼び掛けに始まり，主な参加者は，カール・グスタフ・ユング，ミルチア・エリアーデ，ゲルショム・ショーレム，鈴木大拙らであった）に熱心に出席していたことからも分かるように，彼の宗教観は総じて，神秘主義やロマン主義の傾向を濃厚に帯びたものであった。

　しかしながら，井筒を単なる「素朴なロマン主義者」と評することは，事実に反すると言わなければならないだろう。卓越した語学力に支えられ，諸文献を精密に読解していた彼は，宗教の基礎が法的制度性にあるということを熟知していた。本書は，経済人を対象に行われた全三回の講演記録をもとに編まれた入門書だが，そこでは，法体系と内面的神秘のダイナミズムからイスラーム文化が形成されているということが，明瞭な語り口で論じられている。

イスラームの根幹としての『コーラン』

　第Ⅰ章「宗教」では，イスラームの全体的特色が素描される。し

ばしばイスラームは、風土論の観点から「砂漠的人間の宗教」と称されるが、井筒によれば、その理解は正確ではない。ムハンマドが生誕した都市メッカは、ユダヤ人も多数居住する商業や金融業の中心地であり、彼もまた商人の一人であった。ムハンマドの宗教観の前提にあるのは、ユダヤ的一神教と預言者の伝統、および商業的合理主義であり、それらはむしろ、ベドウィンに代表されるような「砂漠的人間」の世界観とは対立するものだったのである。

ムハンマドの死後、イスラームは、アラビア半島のみならず、東方のオリエント世界や西方の地中海世界にまで普及した。そしてそれらの地域で、ゾロアスター教や仏教、キリスト教やヘレニズムの秘教等、多くの宗教思想と接触し、さまざまな要素を自己の内部に取り込んでいった。このようにイスラームは全体として、複雑な内的構造を備えた国際色豊かな文化と捉えることができる。

また同時に、こうした環境において、イスラームが揺るぎない同一性を保つことができたのは、聖典『コーラン』が常にその根幹にあり続けたからであった。最終預言者ムハンマドが、唯一神アッラーの啓示を伝えることによって成立したとされるこの書物こそが、あらゆるイスラーム文化の原点に位置する。そのことを井筒は、次のように要約する。「国際的文化構造体として歴史的に自己形成したイスラームが、どれほど複雑な様相を呈しましょうとも、そのどの側面をとってみましても、イスラーム文化は究極的には『コーラン』の自己展開なのであります」(33頁)。

法と共同体

第Ⅱ章「法と倫理」では、聖典『コーラン』と、第二聖典と称される「ハディース」をもとに、イスラームの法と共同体が形成され

る過程について論じられる。

　井筒はその前提として、約20年にわたるムハンマドの活動を、前半の「メッカ期」と後半の「メディナ期」に大別する。まずメッカ期には、ムハンマドの教えは周囲の人々からの激しい排斥を受けた。また、それを反映したためか、当時の彼が示した預言には、濃厚な終末論的雰囲気が漂っていた。その後にムハンマドは、メッカからメディナに「移住(ヒジュラ)」し、改めて教えを説き始めたが、同地では多くの支持者を集め、彼を中心とする共同体は次第に拡大した。それとともに彼の預言もまた、神への「恐れ」から「感謝」を基調とするものへと変化し、その内容も、信者の行動規範や相互の人間関係に関するものが増加していった。後に発展するイスラーム法は、『コーラン』のなかでも、主にメディナ期に発せられたと想定される預言に基づいて作り上げられることになる。

　井筒によれば、アラビアでは太古以来、部族の絆と掟が、社会における重要な役割を果たしてきた。人は個人としてではなく、共通の祖先を奉じる部族の一員となることによって、初めてその存在価値を認められたのである。同時に、部族的な人間関係の基底にあるのは、濃密な血の連帯感であり、どの部族の血を引いているかによって、各人が社会で占める地位が決定された。イスラームが登場する以前は、メッカのような商業都市においても、部族的貴族主義が強固に存在し続けており、ゆえに当時のメッカの神殿には、諸部族の地域神を象(かたど)った神像が何百も祀られていたという。

　ムハンマドが説くイスラームの教えは、こうした旧来の宗教観や共同体観に対する苛烈な否定であり、社会の根本的な革命を意味していた。ムハンマドは、諸部族が掲げる神々を偶像として退けるとともに、人が血縁関係によって拘束・区別されることを無効とした。

メディナで勢力を拡大し，メッカに凱旋したムハンマドは，以下の宣告を下したと言われる。「いまや無道時代は完全に終りを告げた。従って，無道時代の一切の血の負目も，一切の貸借関係も，その他諸般の権利義務も，いまやまったく清算されたのである。また同時に，従来の階級的特権もすべて消滅した。地位と血筋を誇ることはもはや何人にも許されない。諸君は誰もみなアダムの後裔として平等であって，もし諸君の間に優劣の差ありとすれば，それはただ神を恐れるこころの深浅によって決まるのである」(119-120頁)。

ムハンマドの存命中，イスラームの「共同体（ウンマ）」は彼の指導に従って運営されたが，その逝去に伴い，彼が残した預言書『コーラン』に加え，新たな規範や法が求められることになった。それを受けて集成・編纂されたのは，ムハンマドの生前の言行録「ハディース」である。さらには，『コーラン』と「ハディース」の文言を解釈し，明確な法規を引き出すことが試みられ，そこから，ハンバリー派，マーリキー派，ハナフィー派，シャーフィイー派と称される，正統派イスラームの四大法学派が成立してゆくことになる。

イスラームの法体系はきわめて網羅的であり，その内容は，宗教儀礼の方法に始まり，家族関係にまつわる細則，商取引のルール，刑法規定，食事やトイレの作法にまで及ぶ。それは，世界や人間を聖と俗に分かつことなく，すべてを一元的に統括するのである。

先述したようにこれらの規則は，聖典の解釈から導き出されたものであり，その行為は法学の術語で「イジュティハード（努力）」と呼ばれる。イスラームが発足した当初は，積極的にイジュティハードが行われたが，9世紀の中頃には重要な論点が出尽くしたと判断され，「イジュティハードの門の閉鎖」＝自由な聖典解釈の禁止が決定されるに至った。こうしてイスラームは，神聖かつ高度な法

体系を手にする一方，現実的要請に合わせて法を更新してゆくという柔軟性を喪失してしまったのである。井筒は本章の末尾において，イスラーム世界が西洋世界の発展に後れを取ることになったのは，法体系の硬直化と，それに伴う文化的生命の枯渇が主たる原因の一つだったのではないか，と指摘している。

神秘主義の二類型――シーア派とスーフィズム

第Ⅲ章「内面への道」では，イスラームの神秘主義について概説される。先述したように，メディナ期の預言から法学的思考が派生したのに対して，神秘主義の源泉となったのは，メッカ期に見られる終末論的預言であった。そして，法学が共同体を維持するための道徳や制度性を重視するのに対して，神秘主義はそれを根底から覆すほど熱烈な実存的内面主義となる。この二つの潮流は真っ向から対立するものだが，井筒は，こうした「文化パターンの矛盾的対立があったからこそ，イスラーム文化は全体として外面と内面，精緻をきわめた形式と深い形而上的霊性とをともに備えたひとつの渾然たる文化構造体となることができた」（174頁）と評している。

イスラーム神秘主義は，「シーア派的イスラーム」と「スーフィズム」に大別される。まずシーア派とは，スンニー派に次ぐイスラームの第二勢力であり，イランがその中心地である。同派の思想の特徴は，古代イランのゾロアスター教から引き継がれたと思われる，鋭利な二元論的傾向にある。スンニー派の法学者が，聖典の言葉を語義や文法に則して解釈しようとするのに対して，シーア派は，そうした表面的意味の一段奥にある「内的意味」を探り出そうとする。また，聖俗を区別しないスンニー派に対して，シーア派は現世を，聖と俗の葛藤の場，あるいは，聖なる天上世界と根本的に対立する

第5部　中世における政治と宗教

汚辱の場と見なすのである。

　シーア派的神秘主義の中核に位置するのは，「イマーム（先導者）」という存在である。イマームは，同派における霊性的最高権威者であり，『コーラン』に隠された内的意味に通じていると見なされる。ムハンマドを始めとする預言者たちが，世界を照らす外的光であるのに対して，イマームはその深層を照らす内的光である。シーア派によれば，イマームは歴史上に12人存在し，最後のイマームは，幼少期にその姿を隠した。そして彼は，世界が終末を迎えるとき，メシアとして再び現れると考えられている。

　これに対し，もう一方の神秘主義であるスーフィズムでは，霊性とは生まれながらに備わるものではなく，厳しい修行によって初めて開花するものと捉えられる。修行において目指されるのは，現世のすべてを罪障の源泉として否定し，一切の執着を断ち切ることにより，自我意識を払拭することである。それを達成したとき，心の奥底から神的実在が顕現し，修行者の意識は強烈な光に満たされるという。スーフィーはこうした「照明体験（イシュラーク）」を重視し，イスラーム法の権威を軽んじる態度を示したため，しばしば残忍な迫害を加えられることになった。しかしイスラーム文化は，長い歴史のなかで，このような反体制的な思想潮流からも，根源的生命力と奥深い精神性を汲み上げてきたのである。

井筒俊彦（いづつ・としひこ，1914-1993）
　東京生まれ。慶應義塾大学英文科に学び，青年期より卓越した語学力を示す。イスラームを中心に，東西の神秘思想や哲学を研究。慶應義塾大学教授の他，イラン王立研究所教授を務める。その業績は『井筒俊彦全集』（全12巻，慶應義塾大学出版会）に纏められている。

★コラム②　政治神学とは何か

　「カエサルのものはカエサルに，神のものは神に」（『マタイによる福音書』22：21）というイエスの言葉に代表されるように，キリスト教は基本的に，政治的権力と宗教的権威の峻別を，教義や信仰の前提としている。とはいえ周知のように，多数の信者と充実した教会組織を備えたキリスト教界が，現世の権力と常に無縁でいられたわけではない。むしろキリスト教の歴史は，政治的権力との相関関係のなかで紡がれてきたと言ってさえ過言ではないだろう。実に，キリスト教神学が政治的権力の後ろ盾の役割を果たしたケースさえ稀ではなく，それは一般に「政治神学」と呼ばれる。

　政治神学の典型例は，『教会史』（講談社学術文庫，2010）の著者として知られる，カエサレアのエウセビオスの思想である。コンスタンティヌス帝によるキリスト教公認を目にしたエウセビオスは，同帝によってこそ，神の秩序が地上に実現されると考えた。『コンスタンティヌスの生涯』（京都大学学術出版会，2004）においてエウセビオスは，コンスタンティヌスを，キリストの紋章を掲げることによって戦争に勝利し，司教たちを従えてニカイア公会議を主宰した「神寵帝」として描き出している。とはいえ，コンスタンティヌス以後もローマ帝国の衰退には歯止めがかからず，アウグスティヌスは『神の国』（岩波文庫，1982-91）において，「地の国」と「神の国」が根本的に原理を異にすることを改めて強調し，政治神学を退けることになったのだが。

　現代において政治神学が再び注目を集めたのは，「ナチスの桂冠学者」と呼ばれるカール・シュミットをめぐる議論においてである。カトリシズムの立場からナチズムを擁護したシュミットに対して，神学者たちはエウセビオス的政治神学の再来としてこれを批判した。両者の応酬は，シュミットの著作『政治神学』（未来社，1971）と『政治神学再論』（福村出版，1980）に詳しい。またシュミットの思想については，仲正昌樹『カール・シュミット入門講義』（作品社，2013）が示唆に富む。

第4部

近代の国家・社会・宗教

トマス・ホッブズ

『リヴァイアサン　政治国家と教会国家との素材，形態および権力』
Leviathan or The Matter, Forme and Power of a Common Wealth Ecclesiasticall and Civil, 1651

永井道雄・上田邦義訳，中公クラシックス，全2巻，2009年

―― 市民契約によって誕生する「人造の主権者」――

　ホッブズが生を受けた1588年は，スペイン無敵艦隊がイングランドに侵攻した「アルマダの海戦」が勃発した年であった。その頃ホッブズを身籠もっていた母親は，開戦の噂に衝撃を受け，彼を早産してしまった。ホッブズの自伝においてそれは，「母は大きな恐怖を孕み，私と恐怖との双生児を産んだ」と記されている。

　イングランドはこの戦争に勝利し，エリザベス一世の統治の下，絶対王政の全盛期を迎えたが，その栄光も長くは続かなかった。ホッブズが生涯を送ったのは，ピューリタン革命（1642）から名誉革命（1688）に至る一連の出来事によって絶対王政が打倒されるまでの，社会的動乱期に当たる。ホッブズもまた数々の政争に巻き込まれ，長期にわたる亡命生活を余儀なくされた。彼はまさに，「恐怖」を生涯の友としたのである。

　カトリック的テオクラシーや絶対王政の王権神授説など，中世から近世にかけての政治権力は，究極的にはキリスト教の神に支配の正統性の根拠を置いていた。しかし，16世紀に宗教改革が起こって以降，そのような体制は常に動揺に晒されることになる。キリス

ト教信仰によって一体性を保っていたヨーロッパ社会は、今や信仰の違いをめぐって争い合うようになったのである。このような状況は一般に「信条主義(コンフェッショナリズム)」と呼ばれるが、ピューリタン革命の動乱もまた、その影響によって生じた現象の一つであった。これを受けてホッブズは『リヴァイアサン』において、神から出発する政治論ではなく、人間から出発するそれを構想することになる。

各人の各人に対する戦争状態——人間理性の隘路

　ホッブズの思想にとって一つの足場を提供したのは、同時代を生きたデカルトの哲学であった。人間の自立的理性を第一の原理とし、幾何学的な方法で世界を把握しようとする点において、両者の思考の枠組みは共通している。しかしながら、人間の理性を否定的側面も含めてリアリスティックに捉え、それを前提として社会論・国家論を構築していったところに、ホッブズの独自性がある。

　『リヴァイアサン』は、「人間について」「コモンウェルスについて」「キリスト教的コモンウェルスについて」「暗黒の王国について」という四部から成り、まずその第一部では、人間本性論＝認識論が展開される。人間が有する理性的諸能力のなかでホッブズが重視するのは、想像力と言語力である。人間はこれらの能力を用いて、過去を記憶し、未来を予測し、世界や自分についての理解を深める。また、その結果として人間には、生物として備わる肉体的な力の他に、容姿・深慮・技芸・高貴・雄弁・富・評判といった人間特有の数々の資質がもたらされることになる。そして人間はこれらの資質を、より優美で強力なものにしようとする本来的傾向を有する。

　ところが、こうした多彩な能力と上昇志向ゆえに、人間同士の争いは、きわめて陰惨なものとなる。ホッブズはその原因として、自

負・競争・不信の三点を挙げている。すなわち，人間は生来的に高い自負心を有し，その気持ちを満足させるために，競争に打ち勝って他者を服従させなければならないと考える。しかし，人間の能力自体は生来的に大差がないことから，他者を出し抜いて機先を制することこそが，勝利を得る上でのもっとも有効な手段となる。そのため人間のあいだでは，相互不信から必要以上に争いが頻発し，恒常的な「各人の各人にたいする戦争状態」（第1巻172頁）が生じる。今や人間は，他者に出し抜かれて殺害される恐怖に突き動かされ，自ら率先して暴力に手を染めるが，「そこでは人間の生活は孤独で貧しく，汚らしく，残忍で，しかも短い」（第1巻173頁）。

集合的生命体としてのリヴァイアサン

ホッブズの考えによれば，人間は本来，自分を守るためにあらゆる手段を用いる権利を与えられている（自然権）。しかし，その積極的な行使が帰結する上記の「戦争状態」によって，逆説的にも人間は，自己保存を著しく脅かされてしまう。これを回避するためには，自らの理性を，他者を出し抜くためにではなく，外敵の襲来や相互の権利侵害から身を守るために用いなければならない。すなわち，一つの公共的権力を創設し，各人の意志・権利・力を一個の人格に結集させるのである。「かくてかの偉大なる《大怪物》（リヴァイアサン）が誕生する。否，むしろ「永遠不滅の神」のもとにあって，平和と防衛とを人間に保障する地上の神が生まれるのだというべきだろう」（第1巻238頁）。

いささか奇妙なことだが，ホッブズはこうして作り上げられる集合的人格を，大怪物リヴァイアサンと呼ぶ。その名前は『ヨブ記』41章に由来し，そこでリヴァイアサンは，「地の上にはこれと並ぶ

第4部　近代の国家・社会・宗教

ものなく，これは恐れのない者に造られた。これはすべての高き者をさげすみ，すべての誇り高ぶる者の王である」と記されている。ホッブズがこの名称を採用したのは，それが地上界に君臨する人工の主権者に相応しいと思われたからであろう。

　リヴァイアサンは，単なる機構や制度ではなく，有機的かつ人格的な存在である。本書の序説でホッブズは，その組織構造を人体に喩えている。それによれば，リヴァイアサンの「魂」は主権であり，彼はそこから，全身を動かすための生命力を得る。行政官僚は「関節」であり，賞罰は「神経」である。個々の成員が持つ富や財産は「体力」であり，リヴァイアサンの「仕事」は，人民の安全を守ることにある。その「意志」は，法律によって示される。そしてこれらの各「器官」は，人々の契約によって一つの「体」へと統合されるのである。

教会の権威への批判

　このように，人民たちの契約によって創設される国家(コモンウェルス)たるリヴァイアサンは，単一の集合的生命体であり，その内部に分裂や動乱が生じることは，国家の「病」や「死」を意味する。ホッブズは，国家を弱体化させる諸原因について考察しているが，もっとも主要なものとして指摘されているのは，国家の魂である「主権」の所在が不明瞭になることである。そして，ヨーロッパの歴史を振り返れば，常に世俗の国家に並び立つ組織として存在してきたのは，何よりキリスト教の教会であった。こうして本書の第三部と第四部では，教会と国家の関係についての考察が展開される。

　ホッブズの議論は，聖書の成り立ちや歴史観の詳細な部分にまで及んでいるが，その基本的な論点は，イエスが説いた「神の国」と

現在の「教会」は、あくまで別の存在であるということにある。それについて論じるためにホッブズは、メシア＝キリストの役割を、罪を贖う者、牧者あるいは教師、永遠の王、という三つの職務に整理する（第41章）。そしてこれらの職務は、歴史の流れのなかで順次展開されてきた。すなわちキリストは、最初に世界に到来したとき、磔刑を受けることによって人類の罪を贖った。次に、生前の彼は弟子たちに対して、自らがキリストであり、やがては神の国を受け継ぐこと、また、神の国に入るためには、不滅性に相応しい生活を送らなければならないことを教えた。彼の教えから教会が形作られ、今も宣教の活動が続けられている。そして将来、キリストの再臨によって神の国が実現し、その際にキリストは、永遠の王としての地位に就くことになるのである。

このように、ホッブズの理解によれば、現在の世界は、キリストの最初の到来から再臨に至るまでの「中間の時代」に当たる。そして教会には、神の国が実現するまでのあいだ、キリストの教えを世界に広く宣べ伝えるという役割が与えられている。すなわちそれは、永遠の「神の国」そのものではなく、あくまで一時的な「教える権力」に過ぎないのである。

しかしながら、中世においてカトリック教会は、自らの権限を本来の役割を越えて不当に拡大し、しばしば世俗権力に対する介入を行ってきた。またその過程で、教会の権威は現世の権力に優越するものと位置づけられ、そして聖職者は、市民が負うべき数々の義務を免除されたのである。

これに対してホッブズは、カトリック教会の教義は聖書の誤読から導き出されたものであり、その権威によって現出したのは、「神の国」どころか「暗黒の王国」であったと批判する。教皇権への論

難は，取り分け辛辣である。「もし人がこの偉大な教会支配権の起源を考えてみるならば，「法王制」とは，死滅した「ローマ帝国」の「亡霊」が，その墓のうえに冠をいただいて坐っているのにほかならないことに容易に気づくであろう。法王制は，このようにして，異教の権力の廃墟から突然生じたのであった」（第2巻367頁）。

　真正の神的主権は，将来の神の国において初めて確立されるものであり，現在の教会には，そのような地位は認められるべきではない。現世の主権を掌握するべき存在は国家であり，ゆえに，国内においてどのような宗教が許容されるかについても，国家の決定に従うべきである。しかしこのことは，正当なキリスト教信仰を阻害するものではない。キリスト教の教えは，究極的には「イエスはキリストである」という唯一の箇条に集約され，またその信仰は，内的かつ不可視のものだからである。政治的主権者がたとえ不信仰者であったとしても，キリスト教徒が抱く神の国への待望を妨げることは，本質的に不可能なのである。

社会統治のために作られる「虚構の神」

　このようにホッブズは，宗教改革以後の状況において，ヨーロッパが革命と戦乱に明け暮れるなか，キリスト教の神に代わる別の神——リヴァイアサンという名の主権国家——を考案した。ある意味でそれは，古来より続けられてきた神々の交代劇に，新たな一幕を用意したものに過ぎないと言うべきかもしれない。

　しかし，ホッブズの思想の革新性は，「神」という概念に対し，従来とは根本的に異なる見方を提示したところにある。すなわち，彼の考えによれば神とは，社会を適切に統治するための一つの装置であり，人工的に創設したり改変したりすることが可能な対象なの

である。啓蒙思想家ヴォルテールの「もし神が存在しないなら，創り出す必要がある」という言葉や，ドイツの哲学者ルートヴィヒ・フォイエルバッハが『キリスト教の本質』で示した「神が人間を造ったのではなく，人間が神を造った」という見解には，ホッブズによって提示された分析的視点が継承されているように思われる。そして宗教学もまた，こうした近代的宗教観によって生み出されたものの一つなのである。

トマス・ホッブズ（Thomas Hobbes, 1588-1679）
　英国国教会の聖職者の次男として，イングランドのウィルトシャーに生まれる。オックスフォード大学で学んだ後，家庭教師を務める傍ら大陸を旅し，ガリレオやデカルトと交流する。1640年に処女作の『法学要綱』を発表。その時期に議会での党派対立が活発化し，ホッブズはパリに逃れ，11年間の亡命生活を送る。『リヴァイアサン』を公刊した51年に帰国し，その後，『物体論』（1655），『人間論』（1658），『ビヒモス』（1668）等の著作を発表した。

マックス・ヴェーバー

『プロテスタンティズムの倫理と資本主義の精神』
Die protestantische Ethik und der 'Geist' des Kapitalismus, 1920

大塚久雄訳, 岩波文庫, 1989 年

――現代社会の「鉄の檻」〜キリスト教的禁欲精神の帰結――

　ヴェーバーは, 名実ともに 20 世紀を代表する学者の一人であるが, 彼の研究人生は, 順調なものであったとは言い難い。30 歳の若さでフライブルク大学の国民経済学教授に就任して間もなく, 神経症を病んで大学に辞表を提出, 以降は基本的に在野の研究者として活動した。ヴェーバーの病は,「仕事中毒(ワーカーホリック)」の末の鬱病であったと考えられるが, ある手紙で彼は, それについて次のように述懐している。「ぼくの病的な素質は今までの歳月の間, 何から自分を守るものかは分からなかったが, 何かの護符にしがみつくように学問的な仕事に痙攣的にしがみつくということに現れていた。今思い返してみてもそれはあまりはっきりしていない。分かっているのはただ, 病気であれ健康であれ, ぼくはもう, あんなふうにはならないだろうということだ。仕事の重荷のもとに打ちひしがれているような気持ちがしないとやりきれないという欲求はなくなってしまった」(山之内靖『マックス・ヴェーバー入門』岩波新書, 113 頁)。

　プロテスタンティズムの職業倫理に関する研究は, この手紙が書かれたのと同時期, すなわち, 数年の療養期間を経て病状が快方に向かった 1904 年頃に開始された。プロテスタントの精神性には,

なぜきわめて厳格な職業倫理が付随しているのか。また自分は，なぜ仕事中毒の状態に陥ることになったのか。このように本書は，社会史的・宗教史的考察の書であると同時に，ヴェーバーの自己分析の書であると捉えることができる。

合理化を追求する精神

　本書はまず，地方の職業統計に対する考察から始まる。それによれば，近代的企業の資本家や経営者，上層の熟練労働者，高度な技術を有する従業者など，資本主義社会をリードする人々は，プロテスタントの割合が著しく高いことが見て取れる。同時にこうした人々は，経営者の立場にあるときも従業員の立場にあるときも，経済的合理主義を際限なく追求しようとする強い傾向を有していた。

　果たしてこの現象は，プロテスタントの生活が世俗化し，現世の富に対して貪欲になったことから生じたのだろうか。そうではない，とヴェーバーは考える。というのは，カトリックの信徒が概して享楽的であるのに対して，プロテスタントの信徒は質素かつ禁欲的な生活態度を身に付けているからである。「この点については，今日忘れられがちな一つの事実に留意しなければならない。それはほかでもなく，宗教改革が人間生活に対する教会の支配を排除したのではなくて，むしろ従来のとは別の形態による支配にかえただけだ，ということだ。しかも従来の形態による宗教の支配がきわめて楽な，当時の実際生活ではほとんど気付かれないほどの，多くの場合にほとんど形式にすぎないものだったのに反して，新しくもたらされたものは，およそ考えうるかぎり家庭生活と公的生活の全体にわたっておそろしくきびしく，また厄介な規律を要求するものだったのだ」(17-18頁，強調は原文)。

「プロテスタンティズムの倫理」と「資本主義の精神」が結合したもっとも簡明な形態として、ヴェーバーは、アメリカ建国の父の一人であるベンジャミン・フランクリンの説教を挙げる。フランクリンは国民に対し、「時が貨幣であり、信用が貨幣であることを忘れてはならない」「信用に影響を及ぼす些細な行為にも注意しなければならない」「手元にある財産を自分の財産だと考えてはならない」と説いた。そして彼はその教えを、旧約聖書の『箴言』22：29における「あなたはそのわざ（Beruf）に巧みな人を見るか、そのような人は王の前に立つ」という言葉に結びつけたのである。

　プロテスタントの人々は、営利追求のために最大限の合理化を志向するが、不可思議にもその目的は、富を獲得して享楽することにあるのではない。彼らの信仰においては、労働意欲を喪失し、時間と富を浪費すること自体が、この上ない罪悪であると考えられた。ゆえに彼らは、死を迎えるまで禁欲的な労働に従事することを余儀なくされたのである。ある意味で倒錯的とも言い得るこうした精神性は、果たしてどのような経緯から生まれてきたのだろうか。

ルターの天職概念とカルヴァンの予定説

　本書においてヴェーバーは、プロテスタントのさまざまな宗派の教説と職業倫理の関係を考察しているが、ここでは特に、ルター派とカルヴァン派について見ておくことにしよう。

　ルターは、『キリスト者の自由』で次のように論じる。キリスト者は「すべてのものの上に立つ自由な主人」である、すなわち、人は誰でも、神の前で一個の自由な主体として存立するため、聖職者と俗人を区別することは、宗教的には何の意味もない。しかし同時に、キリスト者は「すべてのものに奉仕する僕（しもべ）」である、すなわち、

現世における人間関係においては，人は互いに奉仕し合う僕でなければならない。このような論理によってルターは，カトリック的な位階秩序を否定する一方，世俗的な職業分担に基づく他者への奉仕＝労働を，隣人愛の外的な現れとして重視したのである。

またルターは，聖書をドイツ語訳する際，「ベルーフ（Beruf）」という言葉を好んで用いた。ベルーフとは，文字通りには「呼ばれること」という意味だが，そこから敷衍され，「召命」や「天職」という意味をも有する。同様にドイツ語以外の聖書の翻訳においても，英語の「コーリング（calling）」のような類似の訳語が採用され，それによってプロテスタントの社会では，労働は「神の呼びかけ」に応じる聖なる行為と見なされるようになったのである。

しかしながら，ドイツ農民戦争において封建諸侯を支持し，農民を弾圧する立場を取ったことにも現れているように，ルターの身分観や職業観は，未だきわめて伝統主義的であった。その桎梏を打破し得たのは，ルター派ではなくカルヴァン派である。特にイングランドのカルヴァン派の「ピューリタン」は，革命によって国王を処刑，さらには，大西洋を渡りアメリカ合衆国の礎を築くことにより，近代の幕開けに大きく寄与した一派であった。

カルヴァン派の顕著な特徴は，「予定説」という教説にある。予定説によれば，永遠の生命に与る人間と死滅に至る人間は，神によって予め決定されている。ゆえにこの考えによれば，教会における数々の聖礼典は，もはや人間を救済する力を持たない。ヴェーバーはここに，宗教史における「脱呪術化」の過程の終焉，すなわち，超自然的な力によって世界を操作し得るという観念から人類が次第に解放されてゆく歴史的プロセスの完結を認めている。

カルヴァン派の信仰において，信徒たちが希求するのは，自分が

神の選びの恩恵に与っているという確証を得ることである。神は人間に，社会生活が神の戒めと目的に適うよう編制されること，またそれにより，神の栄光が世界に表されることを欲している。そのためカルヴァン派は，地上における神の栄光を増大させるため，日々の生活を可能な限り計画的に組み立てようとする。そして結果的にその行為が，社会秩序の飽くなき合理化に繋がってゆくのである。

このようにプロテスタントのなかには，「労働の神聖視」や「神の意志に基づく生活態度の合理化」といった観念が見られるが，しかしそれらは歴史的に，プロテスタントにおいて初めて現れたというわけではない。ヴェーバーはその原型を，修道院の伝統に見出している。6世紀に創始された聖ベネディクトゥスの修道院や，後続のクリューニー派，シトー派といった修道院においては，すでに上記の観念に依拠した禁欲的生活が実践されていた。とはいえそれは，世俗外の領域において，一部の聖職者が従事するものに過ぎなかった（世俗外禁欲）。ところが，宗教改革によって聖職者と俗人の区別が撤廃された結果，すべてのプロテスタントの信徒は，こうしたキリスト教的生活態度を自ら引き受けなければならなくなった（世俗内禁欲）。そしてそれが，資本主義社会における職業倫理の基本的エートスを醸成していったと，ヴェーバーは類推するのである。

キリスト教的司牧権力＝官僚制組織の浸透

プロテスタントは，神の意志に適うことを目標に自らの生活を合理化していったが，資本主義のシステムが一旦完成されてしまえば，そうした動機はもはや必要ではなくなる。人々は，好むと好まざるとに関わらず，そのシステムに包摂されることになるからである。ヴェーバーは本書の末尾において，現在の社会状況を悲観的筆致で

描写している。「勝利をとげた資本主義は、機械の基礎の上に立って以来、この支柱（注：キリスト教的禁欲精神）をもう必要としない。禁欲をはからずも後継した啓蒙主義の薔薇色の雰囲気でさえ、今日ではまったく失せてたらしく、「天職義務」の思想はかつての宗教的信仰の亡霊として、われわれの生活の中を徘徊している。（中略）将来この鉄の檻の中に住む者は誰なのか、そして、この巨大な発展が終わるとき、まったく新しい預言者たちが現れるのか、あるいはかつての思想や理想の力強い復活がおこるのか、それとも一種の異常な尊大さで粉飾された機械的化石と化することになるのか、まだ誰にも分からない。それはそれとして、こうした文化発展の最後に現れる「末人たち（letzte Menschen）」にとっては、次の言葉が真理となるのではなかろうか。「精神のない専門人、心情のない享楽人。この無のものは、人間性のかつて達したことのない段階にまですでに登りつめた、と自惚れるだろう」と」（365-366頁）。

しばしば指摘されるように、この箇所においては、哲学者フリードリヒ・ニーチェからの影響が顕著である。ニーチェはキリスト教を、生の力強さを否認する「怨恨感情」に発するものであり、そこで説かれているのは、人を隷従させるための「奴隷道徳」に他ならないと論じた。キリスト教権力がもたらす感化力によって、人々は今や「畜群」に成り下がっている。そして、人間から一切の高貴さや気概が奪われたとき、そこに「末人」が現れることになる。ヴェーバーは、キリスト教的禁欲が資本主義のシステムによって完全に自動化された際に現出する文化状況を、ニーチェのこうした人間観と重ね合わせたのである（日本語のスラングを用いるなら、差し詰め「大衆の全面的社畜化」とでも表現し得るだろうか）。

しかし、以降のヴェーバーは、ニーチェの思想を継承しながらも、

彼と軌を一にしたわけではなく、むしろ権力に関するより冷静で精緻な考察に踏み出していった。その主な成果である『支配の社会学』(1922)において彼は、社会に見られる支配の形態を、伝統的支配、合法的支配、カリスマ的支配の三種に分類している。

このなかで、まず伝統的支配は、「昔から存在する秩序と支配権力との神聖性」の観念に立脚する。この種の支配の形態は、さまざまな社会の基盤を為すが、しかしそれらの多くはやがて、合法的支配に取って代わられる。合法的支配の根本観念は、「形式的に正しい手続きで定められた制定規則によって、任意の法を創造し、変更しうる」というものであり、主に官僚制がその遂行を担う。そして官僚制は、ヨーロッパの歴史において、ローマ法や教会権力の発展を背景に着実に伸長し、近代ではついに社会全体を覆うに至った。今や社会は、官僚＝「精神のない専門人」に支配されるのである。

伝統的支配から合法的支配への道行きを示した上で、ヴェーバーはさらに、神秘的オーラを纏ったカリスマの登場によって、社会が根底から変革される可能性について考察している（その詳細は、リンドホルム『カリスマ』の項に譲ろう）。精神の病が癒えた後に開始されたプロテスタンティズム研究は、ヴェーバーの思考において常に根幹的な位置を占め、それは最終的に、権力に対する複合的かつ力動的な分析手法を生み出すことになったのである。

マックス・ヴェーバー（Max Weber, 1864-1920）
　プロイセン王国に生まれる。1894 年にフライブルク大学教授となるが、神経の病を患い退職、その後は在野の研究者として、『社会科学・社会政策雑誌』の編集や、社会学会の創設に携わった。他の代表作に『職業としての政治／学問』(1919)、『古代ユダヤ教』(1920) 等がある。

森孝一

『宗教からよむ「アメリカ」』

講談社選書メチエ，1996 年

―― 超大国アメリカの根底に潜む「見えざる国教」 ――

　アメリカ合衆国は，憲法修正第一条に「国教樹立の禁止」と「信教の自由」を明記しており，一般に，キリスト教圏における「教会と国家の分離」，さらには，近代諸国における「政教分離」原則のモデルを提示した国家であると考えられている。しかし，それは果たして，アメリカが「非宗教的」国家であることを意味するのだろうか。本書は，アメリカの根底にはむしろ，「見えざる国教」と呼ぶべき理念や体制が伏在していることを抉り出そうとする。

　森の分析に理論的基礎を提供しているのは，アメリカの宗教社会学者ロバート・ベラが唱えた「市民宗教」論である。ベラは，ルソーが『社会契約論』で論じた市民宗教という概念に触発され，近代の諸国家においても，国民の統合の核として機能する独自の宗教的要素が存在することを主張した。森は語義を明確化するため，市民宗教を「見えざる国教」と言い換えている。それでは，アメリカの「見えざる国教」の内実とはどのようなものだろうか。

アメリカの「見えざる国教」

　通常，アメリカの宗教状況は，「デノミネーショナリズム（教派主義）」という用語によって表現される。すなわち先述のように，

アメリカでは信教の自由が全面的に認められ，国教制度が否定されているため，国内には多様な「教派」が存在し，それぞれの方法で信徒を獲得するという，信仰上の自由競争の状況にある。そこには原則的に，正統と異端，国教とセクトといった区分は存在しない。どの宗教も国家から絶対的な優位性を認められることなく，あくまで相対的な一つの教派として，独自の活動を展開するのである。

　しかしこうした理解は，アメリカの宗教の現状を必ずしも正しく捉えたものではない。従来のような形態とは異なるものの，アメリカには厳然とした「国教」が存在し，他の諸教派は，それとの相関関係において自らの立場を定めていると考えられるからである。

　第一章「アメリカの「見えざる国教」」では，森の考えるアメリカの国教の形成過程や，その基本的な性質について素描される。

　ピルグリム・ファーザーズの来歴からも知られるように，アメリカに最初に移り住んだのは，英国国教会の不徹底な宗教改革を批判したピューリタンたちであった。そして，彼らが当初目標としたのは，教会と社会が一体となった神聖な国家の建設，すなわち「神権政治」の実現であった。それ以外にも，ルター派や再洗礼派，カトリックやユダヤ教徒など，ヨーロッパ社会において信仰生活を阻害された人々が，宗教的理想の実現を求めて大西洋を渡った。彼らはしばしば，旧大陸から新大陸への移住を，聖書に描かれた「出エジプト」の物語と重ね合わせたのである。

　このように，アメリカは何より宗教的動機に基づいて建設された国家であり，そのことは独立宣言の言葉にも示されている。「すべての人間は神によって平等に造られ，一定の譲り渡すことのできない権利をあたえられており，その権利のなかには生命，自由，幸福の追求が含まれている。……われわれは畏れ多い神の摂理の保護を

心から信じつつ，生命および財産，それに名誉をかけてこの宣言を支持することを，相互に誓約する」(49頁)。アメリカには多数の教派が存在するが，約9割の人々は「ユダヤ・キリスト教的伝統」に属する。すなわち，聖書的な神への信仰こそが，アメリカの「見えざる国教」の中核を形成しているのである。

　森の見解によれば，アメリカ大統領の就任式は，単なる政治的指導者ではなく，「国教」を奉じる新たな祭司の誕生を表現している。その式次第は，キリスト教やユダヤ教の礼拝と類似した構成を有する。まず開会においては，牧師の祈祷が行われ，次に聖書に因んだ歌が合唱される。大統領は，聖書に手を置いて宣誓する。続いて彼は就任演説を行うが，その内容は，具体的な政策論と言うより，アメリカの過去と未来に通底する理念についてであり，しばしば聖書の文句が織り込まれる。最後に国歌を斉唱し，式は幕を閉じる。

　大統領の就任式が行われる首都ワシントンは，「見えざる国教」の聖地としての役割を果たす。中心にはモールと呼ばれる芝生の区域が広がり，その周囲には，ワシントン，ジェファーソン，リンカーンを記念する施設が配されている。彼らはアメリカの国教における聖人の位置を占めるが，その役割は各々異なる。すなわち，アメリカの独立を達成したワシントンは，モーセのような預言者，独立宣言と合衆国憲法を起草したジェファーソンは，使徒パウロのような聖典執筆者，そして，奴隷解放を成し遂げ暗殺されたリンカーンは，国家という神に命を捧げた殉教者である。その他，国会議事堂やホワイトハウス，アーリントン墓地や戦没者慰霊碑等を巧みに配置することにより，ワシントンという都市は，アメリカのナショナル・アイデンティティの核を明示しているのである。

「国教」に対立した四つの教派

　第二章「セクト的宗教と「見えざる国教」」では，モルモン教，アーミッシュ，人民寺院，ブランチ・デビディアンという四つの教派が取り上げられ，「国教」との関係においてそれらが辿った経緯について記述される。ある意味でこれらの教派が試みたのは，アメリカ全体に内在する宗教的理念を純粋な形で実現することであったが，まさにそれゆえにこそ，アメリカの「国教」とのあいだに激しい摩擦や対立を生じさせることになったのである。

　モルモン教の創始者ジョセフ・スミスによれば，彼は1827年，『モルモン経』という聖典を新たに発掘した。そこには，古代イスラエル人がアメリカに移住したという未知の歴史が記されていた。またモルモン教は，旧約の族長に倣うものとして「一夫多妻制（ポリガミー）」を採用したため，アメリカ社会は激しく反発，1857年に大統領は2500名の軍隊を，教団の拠点があるユタに派遣した。最終的にモルモン教は，連邦政府に屈服して1890年に一夫多妻制を放棄，それによってユタは，独立した州に昇格することになった。

　アーミッシュは，16世紀の宗教改革者ツヴィングリの教えを受けた「スイス兄弟団」に由来すると言われる教派である。彼らは，イエス時代の質朴な生活を遵守することを理想とし，現在も農業を中心とした独自のコミュニティを営んでいる。アーミッシュは国家から弾圧されることはなかったが，義務教育の導入を拒否したことが社会問題化し，複数の州で裁判が行われた。しかし多くの州では調停案が提示され，最高裁まで争われたウィスコンシン州においても，義務教育より信教の自由を優先すべきという判決が下された。森は，アメリカ社会でアーミッシュの信仰が尊重される理由として，彼らの質朴な生活が，市民全体の潜在意識にある古き良き社会への

ノスタルジーと適合しているためであろうと論じている。

　人民寺院は，教祖のジム・ジョーンズによって，1955年に設立された。同教団は当初，人種差別と貧困の撲滅を目標に掲げ，積極的な福祉活動を展開した。しかしジョーンズは次第に，アメリカ国内では自らの理想を実現できないと考え始め，「模範的な社会主義社会の建設」を目指し，1977年，南米のガイアナ共和国に信者を移住させた。しかし翌年，教団の視察と一部信者の奪還のために来訪したレオ・ライアン下院議員を殺害したことを切っ掛けに，ジョーンズを含む約900名が集団自殺を遂げるという惨劇が生じた。

　ブランチ・デビディアンは，『ヨハネ黙示録』に描かれた終末の到来が近いと信じる，小規模なセクトの一つであった。教団指導者のデビッド・コレシュは，連邦政府を「反キリスト」と見なし，ハルマゲドンに備えるため，施設内に大量の武器を備蓄し始めた。この動きを危惧したATF（アルコール・タバコ・火器局）が不用意に教団に接近したことから，1993年，両者のあいだに銃撃戦が勃発，最終的には信者が自ら施設に火を放ち，コレシュを含む86名が死亡した。またその2年後には，政府による不当な宗教弾圧への抗議として，オクラホマ・シティ連邦政府ビル爆破事件が起こっている。

　日本においても，明治維新以降，「国教」である国家神道とその他の新宗教のあいだにさまざまな対立や軋轢が生じたが，それに類似した諸事件は，アメリカでも起こっていたわけである。

キリスト教保守勢力の興隆

　このように，アメリカ社会に内在する宗教的理念は，一方で「神の国」を建設しようと試みる各種の新宗教やセクトを生み出し，他方で個人の自由と平等の実現を目指すリベラル派の運動を促進して

きた。しかし，そうした諸動向の挫折や弊害が目立ち始めると，アメリカに潜むもう一つの宗教観が姿を現すことになる。すなわちそれは，キリスト教右翼や原理主義（ファンダメンタリズム）と称されるような，保守的傾向を帯びた流れである。第三章「アメリカのファンダメンタリズム」では，その歴史的経緯が論じられる。

　アメリカでキリスト教保守勢力が最初に台頭したのは，1925年の「スコープス裁判」を契機としている。テネシー州では当時，学校で進化論を教えてはならないとする「反進化論法」が制定されていたが，高校の生物教師であったジョン・スコープスがこの法を無視したため，彼は裁判に掛けられることになった。そして，大統領候補となった政治家のウィリアム・ブライアンが検事に，敏腕弁護士のクラレンス・ダローが弁護人に就いたことにより，この裁判は全米の注目を集める事態に発展したのである。

　現在，この裁判は一般に，宗教と科学の対立や，原理主義者と近代主義者の対立として捉えられているが，実情はやや異なると森は指摘する。ブライアンは開明的資質を備えた政治家であり，彼が問題としたのは，ダーウィンの理論そのものと言うより，ハーバート・スペンサーやウィリアム・サムナーが唱えた「社会進化論」であった。ブライアンの考えによれば，そこで主張される「適者生存」の理論は，企業の不当な独占や，ドイツにおけるアーリア民族至上主義の正当化に用いられている。弁護士のダローが駆使した巧妙な法廷戦術により，ブライアンはその場の議論では彼に敗れたが，社会進化論によってアメリカ社会の根本的価値観が危うくされるという彼の批判は，その後も多くの人々の賛同を集めたのである。

　次に保守勢力の合同が見られたのは，1980年のロナルド・レーガンの大統領選挙においてであった。保守派にはそれまで，多数の

大衆を動員し得るようなカリスマ的人物が存在しなかったが，パット・ロバートソン，ジェリー・ファルウェル，ジム・ベーカーといったテレビ説教家が中核となることにより，「新宗教右派」と呼ばれる新たな勢力が生まれた。彼らの主張は，世俗的人間中心主義への批判，伝統的な家庭の遵守，アメリカ至上主義，の三点に要約される。新宗教右派は，80 年代から着実に勢力を伸張させ，現在もアメリカの政治の動向を大きく左右している。

揺れる宗教大国アメリカ

　全体として言えば，アメリカの宗教状況とは，「見えざる国教」を中心に置きつつ，その周囲に，進歩派や保守派，セクトや新宗教等のさまざまな教派が鬩ぎ合うものとして理解することができるだろう。未だ歴史の浅い国家であるアメリカにとって，「国教」のもたらす統合力はきわめて重要であり，その力が緩むと，国内はさまざまな教派・民族・人種をめぐる分裂の危機を表面化させることになる。そして森の見解によれば，特に 1980 年代以降，アメリカのナショナル・アイデンティティは次第に動揺の度を強めており，今後も多民族国家として存立してゆくためには，国民共通の新たな「アメリカの夢」を見出す必要がある。本書で提示された知見は，日本とも密接な関係にあるアメリカの実情を知るのみならず，近代国家に内在する本源的な宗教性について再考する上でも有用だろう。

森孝一（もり・こういち，1946- ）
　広島生まれ。同志社大学大学院神学研究科修士課程，米国・バークレー神学大学院連合博士課程終了。長く同志社大学神学部教授を務め，現在は，神戸女学院理事長・院長。

村上重良

『ほんみち不敬事件　天皇制と対決した民衆宗教』

講談社，1974 年

——天皇を「唐人」と称して批判した，天理教の原理派——

　村上は，国家神道や新宗教の研究で知られる宗教学者である。彼の代表作は，『国家神道』(1970)，『慰霊と招魂』(1974)，『天皇の祭祀』(1977) という岩波新書の三部作と考えられるが，ここでは，天理教の分派「ほんみち」を扱ったモノグラフを紹介したい。

　天理教や大本を始めとする数々の新宗教が，教団の存続のため，国家神道と何らかの形で妥協する道を模索したのに対して，ほんみちは躊躇することなく，それと真正面から対決した。本書では，天理教の成立からほんみちの分裂，国家による弾圧，敗戦に伴う国家神道体制の終焉まで，同教団をめぐる歴史が明解な筆致で描き出される。また，それを通して，戦前の日本における政教体制の特殊性を浮き彫りにするという内容をも備えている。

中山みきの神憑りと天理教の創始

　天理教の教祖・中山みきは，1798 年，大和国山辺郡（現在の奈良県天理市）に生まれた。みきが嫁いだ中山家は，田畑山林を所有し，商売も手掛ける富裕な農家であったが，夫の善兵衛は家業や家族を顧みなかったため，みきは苦しい生活を強いられたと言われる。

　みきに大きな変化が訪れる切っ掛けとなったのは，1837 年，彼

女の長男が足の病気を患ったことである。中山家は山伏を呼び、祈祷による治癒を試みたが、病はなかなか快方に向かわなかった。そして翌年、みきが「寄加持」(祈祷の際に神や霊を憑り付かせる役)を務めたところ、彼女は激しい錯乱状態に陥った。憑依した神の名を山伏が問うと、みきは男のような野太い声で「大神宮」「天の将軍」「元の神、実の神」である、と答えた。その神によれば、中山家の因縁を晴らすためには、土地や財産をすべて差し出す他、みきの身体を「神の社」として捧げなければならない。夫の善兵衛は、当初は要求を拒んだが、みきの憑依はいよいよ激しさを増していったため、ついにはそれを受け容れざるを得なかった。

みきに憑依した神は、最終的に「親神・天理王命」と命名され、彼女は1887年に死を迎えるまで、親神の言葉を伝え続けた。それは『おふでさき』という教典に集成されたが、そのなかでも重要な位置を占めるのは、「泥海古記」と呼ばれる創世神話である。それによれば、原初の世界は一面が泥の海に浸されており、多くのドジョウが住みついていた。親神は、そこに混じっていた人間の顔をした魚と蛇に目を留め、これらをもとに人間を創造することを思い立った。親神が魚と蛇の体内に入り込み、「守護」(健康に育つ方法)を教えたところ、彼らはイザナギとイザナミという神となった。その他にも、クニサッチやツキヨミ等、合計で十柱の神々が誕生した。また、ドジョウの魂からは、多くの人間たちが生み出された。

天理教の神話において、大地の中心は「地場」と呼ばれ、そこには「甘露台」という柱が立つとされる。甘露台には、天から聖なる食物が降り注ぎ、それに与る人々は、病気や貧困に悩まされず、快活な「陽気暮らし」を送ることができる。甘露台の周囲で舞い踊り、親神による世界創造の働きを賛美する「かぐらづとめ」は、天理教

におけるもっとも主要な儀礼に位置づけられたのである。

大西愛治郎と天理教の分裂

　このように，中山みきの願いは，親神・天理王命の教えに従うことにより，陽気暮らしの世を実現することであった。みきは若い頃，江戸時代にしばしば生じた「お蔭参り」(伊勢神宮への大量群参)の光景を目撃しており，その際の活気に満ちた群衆の様子は，彼女の宗教観に大きな影響を与えたと言われる。

　とはいえ，みきの願いは，順調に叶えられたわけではなかった。明治政府が成立し，国民教化政策が開始されると，天皇と記紀神話に基づく中央集権化＝国家神道体制の普及を妨害するものとして，天理教に対する弾圧が行われた。生前のみきは，幾度も官憲による拘留を受け，甘露台もまた建設途中で破壊されることになった。

　そしてみきの死後，教団の幹部たちは，天理教を存続させるために，明治政府との妥協を余儀なくされた。すなわち，神道国教化政策への協力の他，国債購入や国家への寄付といった金銭的援助等である。同時に，泥海古記の神話やかぐらづとめの儀礼を封印せざるを得なかった。そのような努力の成果として，天理教は1908年，「教派神道」という国家公認の立場を勝ち取ることになる。

　しかしながら，重要な教義や儀礼を引き換えにしたこうした取り引きは，教団内に動揺と分裂をもたらさずにはおかなかった。そのもっとも深刻な帰結の一つが，大西愛治郎の離反である。

　大西は1881年，奈良県宇陀郡に生まれた。彼は奈良師範学校に在学中，母の病気の治癒を願って天理教に入信し，以後は群馬や山口で「においがけ」と呼ばれる単独布教に従事した。赤貧の状態で布教に尽力した大西は，彼の人望も相まって，多くの信者を獲得す

ることに成功した。しかし教団本部では、彼への嫉妬も高まってゆき、その業績が正当に評価されることはなかった。

　大西に大きな変化が起こったのは、1913年、山口での布教に当たっていたときのことである。その頃の彼は、相変わらずの貧窮に加え、胸のつかえの症状に悩まされていたが、ある日の昼過ぎ、見るもの触れるもののすべてがむさ苦しいという激しい感情に襲われた。大西は衣服を脱ぎ捨て、家族にも全裸になるよう命じると、六畳間を目まぐるしい速さで歩き始めた。「七月十五日の午前零時すぎ、大西は、ふと我に帰り、かつて教祖・中山みきも、同じように歩いて「甘露台の地場定め」をしたことを思い出した。(中略) 大西は、六畳間の中央に進み、「いちれつすまして甘露台」と三度、唱えた。そのとき大西は、「ここが甘露台である」と直感した。(中略) こうしているうちに夏の夜は白々と明け、大西はついに、甘露台とは人間であり、自分自身であるとの揺るぎない確信をもつにいたったという」(97-98頁、傍点は引用者)。

　こうして大西は、自らが「生き神・甘露台」であることを直観し、以降は「大西甘露台」と自称するようになる。彼は天理教本部にそのことを通達したが、当然ながら本部は、これを許しがたい邪説と見なして拒絶、大西を天理教から追放するという処置を取った。

天皇は「唐人」──国家神道との対決

　天理教と袂(たもと)を分かった後、大西と信者たちは1925年に「天理研究会」を結成(1936年に「天理本道」、1950年に「ほんみち」と改称)、生き神・甘露台としての大西を中心とする教えを確立することに邁進した。彼らはまず、天理教において封印されていた「泥海古記」の神話を復元させ、それこそが世界の創造に関する真説であると主

張した。また，中山みきと大西甘露台は，親神が天降った存在であり，ゆえに日本は，世界の「根の国，元の国」としての特別な地位にある。「日本は天の命令によりて世界を統治すべき大責任を帯びている。国民は速やかに覚醒しなくてはならぬ。天神の思惑を立てて世界の盟主となさねばならぬ」(145頁)。

しかし現在の日本は，記紀神話という誤った聖典を掲げ，天皇という偽りの統治者を戴いている。彼らは天皇を「唐人」(外国人)と呼び，激しく非難した。その主張によれば天皇は，日本の統治者たるに相応しい理や徳を備えていない。日本の「真柱」となるべき人間は，大西甘露台である。偽りの統治者を奉じた報いとして，日本は「常闇」となり，遠からず破滅することになるだろう——。

天理研究会は，こうした宗教観や終末予言を世間に広く流布したため，政府はこれに即座に反応した。1928年，大西を始めとする教団関係者約500名が検挙され，過酷な取り調べを課された。その結果，大西を含む約180名が，不敬罪で起訴されたのである。

しかし天理研究会の信者は，法廷でも臆せずに天皇批判を展開したため，裁判はいささか奇妙な経緯を辿ることになった。村上はそれについて，次のように論じている。「審理が進むにつれ，天理研究会事件は，法治国家の法廷にもちだされてみると，どうにも収拾のつかない難事件であることが，はっきりとしてきた。(中略)ほんみち側の主張は，終始，公然と天皇の神格を否定していたから，そこでは，天皇の名によって裁判を行う司法官僚との間の共通の場は全く存在していなかった。法定で教義論争に巻き込まれれば，大西愛治郎が生き神・甘露台であるという主張と，天皇が現人神，現御神であるという主張が，同じ次元の問題に落ち着く「危険性」があった。ほんみち教義を荒唐無稽として断罪することは，同時に

超絶者である天皇の宗教的権威の客観的合理的根拠を問うことになりかねなかったからである」(176-177頁)。一審と二審において，大西は懲役4年の判決を受けたが，最終の大審院では中村古峡らによる精神鑑定が実施され，「宗教的誇大妄想」「宗教的憑依妄想」の精神病者であるという理由により，無罪判決が下されている。

最初の弾圧はこうして事なきを得たものの，それで終わりというわけではなかった。天皇批判と終末予言の教勢を強める同教団に対して，政府は1938年に再び大規模な弾圧に踏み切り，大西を始めとする約340人を一斉検挙した。その際は，不敬罪に加え，新たに制定された治安維持法違反の嫌疑が掛けられたこともあり，取り調べは苛烈を極め，拘留は長期に及んだ。結果として，日本が敗戦を迎えるまで最終的な判決は下されず，大西らは，日本を占領したGHQの指令により，無罪として釈放されることになったのである。

このように本書では，「ほんみち不敬事件」という実例を通して，戦前の日本で行われていた国家による思想弾圧の姿が鮮明に描かれている。同時に，ほんみちのように独自の神話や世界観を掲げ，天皇制を正面から否定した場合，国家はそれに理性的な態度で応じることができず，無言の暴力に訴えざるを得なかったという点も，国家や宗教の本質を考える上で多くの示唆を与えるものだろう。

村上重良（むらかみ・しげよし，1928-1991）

東京生まれ。東京大学文学部宗教史学科に学ぶ。長く共産党に属していたが，1974年の創価学会との協定（創共協定）に反発して同党を離れた。慶応大学，龍谷大学等で講師を務める。他の著作に，『近代民衆宗教史の研究』(1957)，『創価学会と公明党』(1964)，『宗教弾圧を語る』（共著，1978）等がある。

南原繁

『国家と宗教　ヨーロッパ精神史の研究』

岩波文庫，2014 年（原著刊行は 1942 年）

——「国家の神聖化」に抗するための理念と信仰——

　ホッブズの『リヴァイアサン』の理論構成に見られるように，近代国家は，「万人の万人に対する闘争」，すなわち，個人間や党派間の終わりなき闘争を抑止するための機構として考案された。その役割のために国家は，地上における最高権力＝主権の地位を委ねられたのである。しかしながら，実際に近代国家が，万人の平和を実現することに成功したとは言い難い。むしろそれは，世俗国家に不釣り合いな歪んだ「神聖性」さえ身に纏いながら自らの権力を増強させ，相互に激しくぶつかり合ったのである。そこに現出したのは，まさに「万国の万国に対する闘争」と呼ぶべき状態であった。

　怪物的な本性を露わにした主権国家に対し，一体何がその暴走を抑えるための歯止めとなり得るのか。第二次大戦中に執筆・公刊された本書において南原は，ヨーロッパの精神史を広く通覧しながら，地上を統治する世俗国家の基本的性質と，それを超越した理念や信仰のあり方について論じている。

プラトン解釈——全体国家論か形而上学か

　本書は，全体で四つの章から構成される。まず第一章「プラトン復興」では，1920 年代から 30 年代にかけて，ドイツの詩人シュテ

ファン・ゲオルゲを中心とした一派が展開したプラトンの国家論の解釈について，批判的に論じられる。ちなみにゲオルゲの思想は，ナチズムの世界観や国家像に強い影響を与えたことで知られる。

　プラトンの対話篇『国家』は，「イデア論」を背景として構築された理想的国家論であるが，ゲオルゲ派の解釈においては，そこに登場する「哲人王」の重要性が強調される。プラトンによれば哲人とは，他の民衆と異なり，イデアの世界を観照・把握した特別な人間であり，理想的国家は，哲人を王とすることによって形成される。そしてゲオルゲ派は哲人王を，単なる理念的叡知の保持者のみならず，神と人とを媒介する「デモーニッシュな半神人」として描き出した。彼は，神の恩恵によって地上に一回限り現れる偉人であり，その全人格には，国家の永遠の形象が映し出される。そして国家は，聖なる舞踊と讃歌によって，根源的な生命力を獲得する。すなわち，ゲオルゲ派の一人であるジンガーによれば，「この生の規範を決定するものは戦争でもなく，経済でもなく，神々のもとに美しく遊ぶという命令である。神々は祝祭の仲間であり，輪舞の指揮者であって，この輪舞においては人間は諧調とリズムによって宇宙存在の原始状態へと連れ戻される」（37頁）。

　このように，ゲオルゲ派がプラトンに依拠しながら描出したのは，「半神人」を頂点に掲げ，精神性と芸術性を兼ね備えた「全体国家」像であった。南原によればそこには，学知に対する嫌悪と，ロマン的な非合理性要求・神話主義・生命論が根を張っている。ゲオルゲ派の他にも，プラトンの『国家』に全体主義や独裁への傾向を認める議論は時折見られるが，果たしてその判断は妥当なのだろうか。

　これに対して南原はむしろ，「形而上学の創始者」としてのプラトンの意義を強調する。彼は決して，理想国家にすべての要素を吸

収させようとした全体主義者ではない。プラトンの体系では、現世を超越した「理念(イデア)」の世界が存在し、国家は常に、それに照らして批判的に評価されなければならないからである。プラトンの思想が長らく継承されてきたのは、全体国家論を構築したためではなく、現実と理念を峻別する根源的二元論を提示したためと考えられる。

キリスト教の「神の国」とヘーゲル哲学

　プラトンの形而上学的な二元論は、その後、キリスト教における「神の国」の思想と接合され、より広範に受容されてゆく。第二章「キリスト教の「神の国」とプラトンの理想国家」では、両者の関係と、カトリシズムやヘーゲル哲学への批判が論じられる。

　イエスの説いた「神の国」は元来、神の意志に基づいて築かれる神政国家という、ユダヤ的観念の系譜を引くものであった。しかしイエスは、そこからあらゆる政治的要素を削ぎ落とし、宗教的・内面的要求の純粋性を追求した。キリスト教の「神の国」は、政治権力から隔絶した、「信仰の義」のみを紐帯とする愛の共同体として構想されたのである。プラトンのイデアと同じく、それは地上の国家を超越する存在であったが、プラトンの構想がイデアを観照した少数者に依拠する「精神的貴族主義」であったのに対して、キリスト教の思想は「福音的平民主義」をその基調としていた。

　イエスの説いた「神の国」と「地の国」の峻別の思想は、使徒パウロや教父アウグスティヌスの手を介して発展した。ところが、教会組織が拡大し、社会的影響力を強めるにつれ、それは徐々に変質を余儀なくされた。すなわち教会は、「地上における神の国の実現」と捉えられるようになったのである。南原は、原始キリスト教の思想に反するものとして、中世カトリシズムの「神政政治(テオクラシー)」や、トマ

ス・アクィナスのキリスト教的世界国家論を批判している。

　近代における神聖国家論の代表例と見なされるのは、ヘーゲルの哲学である。ヘーゲルは人類の歴史を、「絶対精神の自己実現」の過程と捉え、近代の民族国家を、客観的精神の最高形態と評した。しかし南原は、民族国家に絶対精神（＝神）の裏づけを与えようとするヘーゲルの議論に、ナチズムの国家観に繋がる危うさを看取している。南原の考えによれば、人間の手で作られたものに過ぎない国家に神聖性を認めるべきではなく、それは常に、超越的な理念や信仰によって批判的に注視されなければならないのである。

カントの批判哲学と永遠平和論

　第三章は、「カントにおける世界秩序の理念」と題される。プラトン哲学やキリスト教神学に由来する形而上学と、人間の反省的思考を基盤とする近代哲学の流れを融合させ、新たな倫理学や国際関係論を提唱したのは、誰よりもイマニュエル・カントであった。

　カントはまず『純粋理性批判』において、感性的・経験的世界に対する人間の認識能力について分析し、それらをカテゴリー化した。カントはそうした諸能力を「理論理性」と総称したが、しかし彼によれば、人間に備わる理性的能力は、理論理性のみというわけではない。続く『実践理性批判』においてカントは、人間が主体的かつ自律的に行動する際の理性を「実践理性」と称し、理論理性と区別した。南原は、カントのこうした二元論を、プラトンの形而上学的二元論を継承・錬磨したものとして肯定的に評価している。

　カントの二元論的発想は、政治論の分野においても、形を変えて反復される。まずカントは人間を、物理的存在としての「現象人」と、自由な主体としての「本体人」に二分する。そして、現象人で

ある人間たちの利害を調整する機構としての共同体を「自然の国」と呼び、それに対し、本体人である人格への尊重から作られる共同体を「目的の国」と呼ぶ。後者では、人間は常に目的として扱われ、何らかの手段に貶められることがない。またその秩序は、「汝の意志の格率が常に普遍的立法の原理として妥当し得るよう行為せよ」という「定言命法」に則って形成されることになる。

こうした理論構成は、国際関係論にも援用される。他の論者と同じく、カントもまた、国家が主権を掌握し、そして国民は、法を通して国家に従属する存在と捉える。国内の秩序はそれによって保たれるが、しかし言うまでもなく、主権国家は世界に複数存在するため、それらのあいだには、恒常的な敵対関係が伏在することになる。

この状況に対してカントは、国際的な平和を維持するために、「国家連合」を結成するべきことを提唱する。彼はときに「世界国家」や「国際国家」を構想することもあったが、最終的には、国家連合という形態を最適とする見解に達した。というのは、世界国家の体制を取れば、世界国家を頂点とする支配と被支配の関係が再び現出すること、また、世界国家が専横に陥った場合、それに対する抵抗から内乱が惹起される危険性があるからである。カントにとって、諸国家と諸国民が自由かつ平等な主体として相互に尊重し合うという関係こそが、国際的な「永遠平和」の理念として相応しいものであった。この点に関して、カントの理念を実効性なきものと否定し、戦争はむしろ、国家意識を明確化するための良い契機になり得ると捉えたヘーゲルとは、優れて対照的と言えよう。そして第二次大戦の渦中にあった南原は、当然のことながら、ヘーゲル的現実主義よりも、カント的理想主義を強く支持したのである。

ナチズムへの批判――国家と人間の「自己神化」

　第四章「ナチス世界観と宗教」では，ドイツにおいてナチズムの運動が興隆するようになった原因と，その本質的危険性について論じられる。当時のドイツは日本の重要な同盟国であり，東京大学教授を務めていた南原がその政治体制に批判の矢を向けるというのは，大変な勇気を要することであっただろう。現に本書は，ドイツのナチズムと日本の国家神道に対する否定的スタンスゆえに，一時は出版が危ぶまれたと言われている（巻末の解説1を参照）。

　本章では主に，ヒトラーの『わが闘争』に並ぶ「ナチズムの第二聖典」と称される，アルフレート・ローゼンベルクの『二〇世紀の神話』を題材にしながら考察が進められる。南原はその思想の基本的性格を，「新ロマン主義」と評する。すなわち，19世紀のロマン主義が，生の全体を動的な力として称揚したのに対して，20世紀の新ロマン主義は，そうした生命力の根源を，取り分け人種的な「魂」や「血」に求めるのである。またロマン主義においては，精神と自然の同一視・神聖視の傾向が見られたが，ナチズムの新ロマン主義ではそれが，ゲルマン人種の生物学的卓越性という一点に集約されている。「彼らに従えば，理性と批判によっては何ものも創造せられず，創造的原理はひとり人種・種族のみである。北方的ゲルマン人種こそは環境によって制約せられず，かえって自らの歴史と生活圏との積極的な形成原理である。それはひとえに「血」の自然的共同性の高揚であり，まさしく血の理念である」（259頁）。

　歪んだ神聖性や宗教性に彩られたナチズムの人種主義は，果たしてどのような理由によって興隆してきたのだろうか。南原はその最大の要因を，近代における根深い世俗化の浸透，なかでも，キリスト教信仰の空洞化と，国家の非精神化にあると考える。その意味で

マルクス主義が展開した「唯物史観」とは，近代の物質主義的世界観を極限まで徹底化することから生み出されたものであった。

　しかし人間は本来，精神性や宗教性を抜きにして生きてゆくことはできず，20世紀前半のドイツにおいてそれは，「文化の危機」の問題として顕在化した。そして，こうした状況への反応として現れたのが，一方でカール・バルトやエミール・ブルンナーらが主導した「危機神学」であり，他方でナチズムが唱えたゲルマン人種優越論であった。前者が，プロテスタント神学の立場から神の超越性の再定礎を試みたのに対して，後者は，ゲルマン民族とその国家の神聖化をどこまでも追求してゆくことになったのである。南原はまた，日本の哲学者である田辺元が示した「種」の理論を，ナチズムの教義と同型のものとして厳しく批判している。

　南原の政治学の根幹にあるのは，カントの批判哲学とプロテスタンティズムの信仰，具体的には，内村鑑三の無教会主義であった。そして彼が理想としたのは，宗教と国家を含むさまざまな文化領域が，癒着することなく自らの固有性を維持し，かつ，絶えざる相互批判によって活性化する体制にあったと見ることができる。大胆な理論と緻密な歴史解釈に裏づけられた彼の学問は，戦後の多くの研究者に対し，一つの確固たる指針を示し続けてきたのである。

南原繁（なんばら・しげる，1889-1974）

　香川県生まれ。東京帝国大学法学部卒業後，内務省に勤務。1921年に東京帝国大学法学部助教授に就任。1945年，同大学の総長となる。丸山眞男や福田歓一を始めとする数多の後継者を育成した。その業績は，『南原繁著作集』（全10巻）に纏められている。

★コラム③ キリスト教を理解するには

　一般に，キリスト教の中核は聖書にあり，聖書を読みさえすれば，キリスト教の本質を理解することができると考えられている。しかし実際には，この考えは正しくない。聖書は，長期にわたり多数の著者によって記された諸文書の集合体であり，それ自体として明確な統一性や体系性を備えているとは言い難いからである。比喩的な表現を用いるなら，聖書に収められた諸文書は，鶏肉や人参といった個々の「食材」であり，それらを適切に「調理」することによって初めて，キリスト教という一つの「食品」が出来上がると考えるべきだろう。

　そしてこの場合の「調理」とは，神学的思索に基づく概念の体系化を意味する。日本では，以下で紹介するシリーズのように，キリスト教神学文献の優れた邦訳が蓄積されており，キリスト教の理解を深めるためには，これらを参照することが不可欠である。

（1）『中世思想原典集成』（平凡社）
　全20巻。初期教父の神学からスコラ学まで，テーマごとに代表的な文書を収録している。その多くが抄訳だが，重要な箇所が適切に選択されており，解説も充実しているため，それぞれの時代の全体像を見渡すのに便利である。

（2）『キリスト教教父著作集』（教文館）
　全22巻（未完）。ユスティノス，エイレナイオス，アレクサンドリアのクレメンス，オリゲネス，テルトゥリアヌスといった，二世紀から三世紀にかけての教父たちの文献を収める。

（3）『キリスト教古典叢書』（創文社）
　全15巻。アウグスティヌス，アンブロシウス，オリゲネス等の教父文献を収録。小高毅訳のオリゲネス『諸原理について』『ヨハネによる福音注解』は，特に重要度が高い労作。

第5部

個人心理と宗教

フリードリヒ・シュライアマハー

『宗教について　宗教を侮蔑する教養人のための講話』
Über die Religion. Reden an die Gebildeten unter ihren Verächtern, 1799

深井智朗訳, 春秋社, 2013 年

――「直観と感情」によって把握される精神的宇宙――

　シュライアマハーは，19 世紀前半のドイツを代表するプロテスタントの神学者である。彼は青年期を，ヘルンフート派モラビア兄弟団の高等学校と神学校で過ごし，敬虔主義的なキリスト教教育を受けた。生まれながらにして神秘主義に対する親近感を覚えていたシュライアマハーにとって，感情重視の同校の教育は深い充足感を与えるものだったが，カントを始めとする最新の哲学や思想への接触を禁じられたことには，大きな失望を感じざるを得なかった。そして同校を離れた後，シュライアマハーは，ハレやベルリンで神学を修める傍ら，当時興隆していたロマン主義やドイツ観念論の思潮を吸収した。なかでも，ドイツ初期ロマン派の思想家・詩人であるフリードリヒ・シュレーゲルと親密に交際し，彼が主宰した雑誌『アテネーウム』の編集にも協力している。

　本書は，30 代を迎えたばかりのシュライアマハーが匿名で公刊した，講話形式の文書である。このなかで彼は，宗教の核心を今日どのような点に求めるべきかということを，明瞭かつ叙情的な筆致で描き出している。全体としてその理論は，幼い頃から育まれてきた敬虔な宗教感情を，ロマン主義の世界観によって洗練させること

により，旧来のキリスト教思想の超克を試みるだけではなく，「宗教を侮蔑する教養人」，すなわち，近代の啓蒙主義者に対抗しようとしたものと理解することができるだろう。同書は，公刊直後から世間の大きな賛同と反論を呼び起こし，それを受けて幾度も改訂が施されたが，現在では，彼の見解が率直に示された初版がもっとも広く読まれている（本書も初版からの翻訳である）。

宇宙を直観すること

先述のように本書は，五つの「講話(レーデ)」から構成される。各話のタイトルは，「弁明」「宗教の本質について」「宗教への教育について」「宗教における社交，あるいは教会と聖職者について」「諸宗教について」となる。

まず第一講話では，宗教について改めて論じることへの「弁明」が行われる。人々は今日，深い教養を備えていればいるほど，宗教を過去の遺物と見なす傾向にある。彼らによれば，現代の社会や文化にとって，宗教はもはや必要不可欠の存在ではなく，むしろそこから脱却するべき対象なのである。しかしシュライアマハーは，こうした見解に強く反対する。これまでの歴史において，宗教の本質を理解していたのは，ほんの少数者に限られ，大部分の人間は，その皮膜によって目を眩(くら)まされていたに過ぎない。宗教がその本領を発揮するのは，人間の心情においてであり，われわれはその未踏の領野を，自らの力で探究してゆかなければならないのである。

第二講話「宗教の本質について」は本書の中核部であり，ここでシュライアマハーは，宗教という現象の精髄について，詩的な表現を駆使して描写しようと試みている。

彼は最初に，宗教の本質は，形而上学にも道徳にもないというこ

とを明言する。一方で形而上学は，思惟の力によって世界の構造と法則を明らかにしようとし，他方で道徳は，実践の力によって善を実現しようとする。しかしシュライアマハーは，真の宗教はむしろ両者と対立すると述べ，その本質を次のように規定する。「宗教の本質とは，思惟でも行動でもなく，それは直観と感情なのです。宗教は，宇宙を直観しようとするものであり，宇宙に固有なさまざまな表現と動きに対して，畏敬の念をもってそれに耳を傾け，子供のように受身な態度で，宇宙の直接的な影響にとらえられよう，あるいは満たされようとするものなのです」(51頁)。

　このようにシュライアマハーは，宗教の本質を「宇宙を直観」することにあると論じる。しかし，ここで彼が言う「宇宙」とはもちろん，望遠鏡で観察されるような物理的存在を指しているのではない。それは，目に見えない仕方で世界全体を包み込むと同時に，人間の心の内奥に潜在している，精神的宇宙を指すのである。

　人は通常，有限な時間と空間の枠組みを通して世界を理解し，そこから導かれる原則と計画に従って行動する。しかしシュライアマハーによれば，そうすることで人は，知らず知らずのうちに自らを矮小化・局限化してしまう。これに対して，本来の宗教が示すものとは，無限者たる宇宙と触れ合い，比類なき感情の奔流を経験すること，またそれによって，自己を絶対的自由の境地に置くことなのである。

　宇宙との接触という契機は，万人にとって画一的なものとはならず，それを経験する個々人に応じて，千差万別の様態を現す。シュライアマハーは，言語による明確な描写が本質的に不可能であることを断った上で，その様子を一編の詩として以下のように表現している。「その瞬間は儚く，透明。それは朝露が，目覚めた花に吹き

かける息のよう。その瞬間は恥じらいとしなやかさ。それは処女の口づけのよう。その瞬間は聖であり，豊か。それは花嫁の抱擁のよう。その瞬間は，まさに，そのようにあるのではなく，まさにそれ自体なのだ。突然，魔術のように，ひとつの現象，ひとつの出来事が宇宙の像となる。この像が，愛すべき，いつも探し求めていたような形になると，わたしの魂はそこへと逃げ込んで行き，それをひとつの影としてではなくて，まさに聖なる本質それ自体として抱擁するのだ。私は無限な世界の胸にもたれかかる。その瞬間，私は世界の魂。私があらゆる世界の力，永遠の生命を私自身のように感じているのだから。その瞬間，私は世界の身体。私が世界の筋肉，肢体を私自身のように貫き感じているのだから。そして，世界のもっと内側の神経は私自身であるかのように，私の意識と私の予感となって働いているのだから」(73-75 頁)。

シュライアマハーは，こうした宗教観に基づき，遥か超越的な高みから人間に厳格な命令を下すような神の観念を明確に否定している。そうした神の姿は，宗教の本質とは何ら関係がない。真実の宗教は，自己と他者の区別を溶融させる甘美で神秘的な体験——多分に性的なニュアンスを伴うそれ——のうちに隠されているのである。

従来の宗教観への批判

続く第三講話から第五講話においては，第二講話で描写された宗教の本質に照らしながら，形骸化した旧来の宗教や啓蒙主義的宗教観をいかにして乗り越えるか，また，どうすれば真の宗教を社会的に共有し得るかということについて論じられる。

シュライアマハーが批判する具体的対象は，カトリックの教会制度，プロテスタントの聖書主義，および近代の「自然宗教」論であ

る。まずカトリシズムにおいては，聖職者と俗人が区別されることにより，堅固な教会制度が築かれたが，その結果，個人が深い宗教的自覚に達すること，また，諸個人相互の自由な交流が阻害された。さらに，教会が独占した多くの特権や財産は，政治的権力者に利用される対象ともなってきたのである。

同様にシュライアマハーは，聖書を含め，特定の書物のなかに宗教の本質を探し求めようとする態度を批判する。先述したように，宗教の本質は動的な直観と感情にあり，それを静的な文字や記号によって十分に表現することは不可能である。聖典に記されているのは，かつて「燃え上がっていた炎」によって残された「燃えかすや灰」に過ぎないものと見なすべきなのである。

また，近代の啓蒙思想においては，人間に生来的に備わる理性が重視され，それに基づく合理的・道徳的な宗教観として「自然宗教」論が提唱された。しかしそこでは，個々の宗教を成り立たせている具体的特性が抹消されているばかりか，何より，宇宙の直観に基づく宗教の無限の力が見失われている。シュライアマハーは，「自然的宗教というのは元来，それ自体では存在しないものだということ，あえて言うなら自然的宗教とは漠然としたもので，取るに足らない，憐れむべき概念に過ぎず，それを実定的宗教と似たものであると主張することなどはできない」（241頁）と論難する。

新たな宗教の創出に向けて

真の宗教を実践しようとする者は，既存の形式に囚われることなく，独自の道を歩まなければならない。宇宙との一体化を経験した人間は，無限の意識の一部が分裂することにより，他に類例のない「独特な個体」として，新たな生を受けることになる。真実の宗教

の感得者は、既成の宗教団体に所属するのではなく、自己の直観に基づき、新たな運動を創始するべきなのである。

　また先に見たように、固定的な組織や団体を作ることは宗教にとって本質的ではないが、深い直観を求める人々が自発的に集合し、神聖な感情を共有しようとすることには、少なからず意義がある。そこで人は、自身の経験した宇宙を語り、周囲の人々は厳粛な沈黙をもって耳を傾け、霊感に溢れた彼の言葉に同調する。このような仕方で、完全に自由で平等な霊的「共和政」が現出するのである。

　それでは、人はそもそも、どうすれば宇宙を直観することができるのだろうか。そのための定型的な方法が存在しているわけではないが、シュライアマハーは、数々の優れた芸術作品や、世界の諸宗教から積極的に学ぶことを推奨している。彼によれば、芸術は宗教と同じく、宇宙の直観にその源泉を有していることから、それは宗教を完成させるために欠かすことのできない存在である。また、宇宙の直観を表現する方法には無限の様式があり得るため、世界中に多種多様な宗教が存在していることは、不思議でも不合理でもない。自らの直観を深めようとする際、そこには多くの学ぶべき点が秘められている。シュライアマハーは最終的に、理性によって作り上げられた力なき自然宗教論や、既存の制度に凝り固まった旧来のユダヤ教・キリスト教にではなく、無限と有限の仲保者となったイエス本来の精神に帰ること、さらにはそこから、時代に即した新たな形態の宗教を創出するべきであると結論している。

ニューエイジや精神世界論の源流

　『宗教について』という著作は、魅力的な筆致によって広く人気を集めると同時に、フリードリヒ・シェリングのロマン主義哲学、

ウィリアム・ジェイムズやカール・グスタフ・ユングの宗教心理学等、後代の諸思想にも大きな影響を及ぼしていった。その主な理由は、宗教の未来の可能性を説くシュライアマハーの力強い文章が、当時の人々にきわめて魅力的かつ説得的に感じられたこと、また、宗教を心のなかの事象と捉える彼の思想が、政教分離を基調とする近代の体制にとって適合的であったことが挙げられるだろう。

しかしながら、同書の刊行から200年以上が経過し、その後の宗教状況を見てきたわれわれには、彼の思想を無反省に肯定することは難しい。というのは、彼の宗教論は、欧米のニューエイジ思想や日本の精神世界論、さらには数々の「カルト」的宗教運動の源流の一つとなったのではないかと考えられるからである（詳しくは、拙著『オウム真理教の精神史』61-62頁を参照）。宗教における教義・法規・身分といった制度的側面が軽視され、どこまでも主観的現象でしかない宗教経験が過剰に重視されること、世界の諸宗教が精神的宇宙の表現として並列的・折衷的に理解されること、宇宙との接触による人間自身の神化・聖化の可能性が論じられることなど、ニューエイジや精神世界論に見られる諸特性を、シュライアマハーの宗教論はすでに先取りしている。現代の多様な新宗教運動の思想的源流を確認するためにも、本書は批判的に再読されるべきであろう。

フリードリヒ・ダニエル・エルンスト・シュライアマハー（Friedrich Daniel Ernst Schleiermacher, 1768-1834）

シュレージエン地方ブレスラウ（現ポーランド領）に生まれる。ベルリン大学の創設に携わり、1810年に同大学教授・初代神学部長に就任。比較・解釈・感情といった概念によってキリスト教信仰を再定礎したことから、「近代神学の父」と称される。

ウィリアム・ジェイムズ

『宗教的経験の諸相』
The Varieties of Religious Experience, 1901-1902

桝田啓三郎訳,岩波文庫,上下巻,1969-70年

——現代人の不安と,「神秘経験」による心の救済——

　ウィリアム・ジェイムズは,プラグマティズムの思想や実験心理学を創始したことで知られる,アメリカの哲学者・心理学者である。その活動は多岐に渡るが,彼の思索において中心的位置を占め続けたのは,「純粋経験」という概念であった。純粋経験とは,自我による反省を経る前の主客未分化の状態において,意識の領野に直接的にもたらされる経験を指す。純粋経験の概念は,ジェイムズの後,アンリ・ベルクソン,エドムント・フッサール,西田幾多郎など,多くの哲学者や思想家によって継承されていった。

　ジェイムズがその概念に拘泥し続けたのは,理論的水準における重要性と並んで,あるいはそれ以上に,彼の個人的体験において,そうした事象が無視し得ないものであったからであるように思われる。彼は生涯にわたって,憂鬱や不安といった感情に苦しめられていた。自我による抑制や統御を離れて蠢くこうした力は,一体何に由来し,人間精神にとってどのような意味を持つのか。また,人はいかにしてその苦痛から解放され得るのか——。『宗教的経験の諸相』という著作は,さまざまな宗教現象を比較分析した客観的研究であると同時に,ジェイムズが自らの精神的苦悩と向き合うことに

よって生まれた作品であると捉えることができる。

「健全な心」と「病める魂」の宗教

　本書は，ジェイムズがエディンバラ大学のギフォード講座において行った連続講演をもとに執筆されており，全20回の講義から構成されている。

　最初にジェイムズは，自分は神学者でも宗教史家でもなく，一人の心理学者であるため，ここでの考察は，宗教の諸制度ではなく，宗教体験にまつわる感情や衝動を対象とするということを明言する。宗教の諸領域は，神学・儀礼・教会組織等によって構成される制度的側面と，人間の多様な内的傾向から成り立つ個人的側面の二つに大別されるが，彼の見解によれば，後者は前者よりも根本的である。なぜなら，あらゆる宗教の開祖は，神との直接的かつ個人的な交わりを通して最初の力を得たのであり，神学や教会といった伝統的制度は，それを「受け売り式(セカンド・ハンド)」に引き継ぐことによって作られた二次的なものに過ぎないからである。こうした考えからジェイムズは，「宗教とは，個々の人間が孤独の状態にあって，いかなるものであれ神的な存在と考えられるものと自分が関係していることを悟る場合だけに生ずる感情，行為，経験である」（上巻52頁）と規定する。

　宗教が根本的に個人心理の次元にあるとした上で，ジェイムズはさらにそれを，「健全な心」に基づく宗教と，「病める魂」に発する宗教に分類する。まず前者は，神的存在や宇宙全体を善なるものとして受け容れ，同時に，自身の生活に幸福を感じる心によって営まれる宗教的形態である。こうした宗教にとって，人間の不幸や苦悩は，一時的な精神の不調を表すものに過ぎず，速やかにその状態から抜け出すべきであると唱えられる。

これに対して後者では、罪責感・憂鬱・空しさ・恐怖といった否定的感情が、より深刻かつ根源的なものとして受け止められる。こうした宗教観を抱く人びとにとって、諸種の苦悩は、部分的なものや一過性のものなどではない。「そこに見られるのは、絶対的なまったき絶望であって、全宇宙は病者のまわりで凝固して圧倒的な恐怖の塊と化し、始めも終わりもなく彼をとり巻いてしまう」（上巻245頁）のである。

一見したところでは、「健全な心」の宗教の方が、「病める魂」のそれよりも遥かに好ましいと思われるだろう。しかし先述のように、長期にわたる心身の不調に苛まれていたジェイムズは、むしろ「病める魂」の方を、大きな実感と共感をもって描き出している。それ ばかりか、人間精神の全域を隅々まで探究するという観点からすれば、後者は前者に優越さえしている。というのは、「健全な心」の宗教が単純な独善性に陥りがちであるのに対して、「病める魂」の宗教においては、光や善の領域の背後に隠された、闇や悪の領域をも探究することが可能となるからである。こうしてジェイムズは、「病める魂」が自らの精神世界を探求し、最後に健康を回復するまでの過程について、重点的に叙述してゆくことになる。

神秘体験がもたらす精神変容のプロセス

「健全な心」の持ち主が、生来の資質を真っ直ぐに成長させるのに対して、「病める魂」の持ち主は、その人生において大きな転換点を必要とする。それはしばしば、「回心」や「二度生まれ」と呼ばれる。その際に人は、幻覚的な精神状態のなかで、神の啓示や霊の訪問を受けることになる。非日常的存在が突如として出現してくることに対して、彼は激しく狼狽し、当初は抵抗を試みるが、徐々

にその使信を受け入れ，自分自身の生き方を根本から変えてゆくことになるのである。

　ジェイムズはこうした現象に対して，心理学的な分析を加えている。彼の考えによれば，宗教的な回心とは，人格におけるエネルギーの中心点が変化することである。フレデリック・マイヤーズ，ジークムント・フロイト，ピエール・ジャネらが論じるように，人間の意識の深層には，「潜在意識」や「無意識」と呼ばれる広大な領域が存在している。そうした領域では，通常の人格とは異なる多様な人格が発達しており，それらはあるとき，境界を破って意識のなかに侵入してくる。そしてその影響から，従来の意識的人格の構造や性質に変容がもたらされるのである。このようにジェイムズの心理学は，全体として言えば，初期の「力動精神医学」に属するものの一つと見ることができる（力動精神医学の概要については，次項を参照）。

　宗教的な回心を経て，人間の精神は次第に「聖徳」の境地に近づいてゆく。ジェイムズによれば聖人とは，「霊的な感情をいつでも人格的エネルギーの中心としているような人」（下巻28頁）である。その状態に達した人間は，卑小な自意識や狭隘な損得勘定から解放され，他者に対する愛情へと開かれてゆく。また彼は，常に理想的な力に満たされ，無限の自由の感覚を抱くことができる。聖人に見られる特徴は，禁欲主義・心の強さ・清らかな心・慈愛であり，それはどの宗教においても共通している，とジェイムズは述べる。

　このようにジェイムズは，特異な心理的経験とそれに伴う人格の変容に宗教の核心を求め，そうした観点から，神秘主義こそが宗教の純粋な形態であると捉える。神秘体験は多くの場合，「絶対者との合一」や「宇宙的意識の感得」と表現されるが，根本的には，言

語による記述を超越したものである。それは長くとも1～2時間しか続かない束の間の現象であり、その際に人は、圧倒的な受動性に晒され、他なるものの意志によって自らの身体を操作される。しかし、その経験によって彼は、通常の理性では計り知ることのできない真理の深みを洞察し、自らの認識の枠組み全体を大きく拡張させることになるのである。

　神秘主義の現象は、それを経験する個人にとって絶対的な権威として屹立するが、しかしその権威を、外部の人々もまた無批判に受容するよう要求するべきではない。さらにジェイムズは、基本的に神秘主義を肯定的に評価しながらも、東洋思想であれば「魔境」と呼ばれるような悪しき側面がそこに潜在していることを認めている。本来の神秘主義とは異なり、その種の心理状態においては、恐怖や敵意や抑圧の感情が支配的となる。「妄想的な精神病を教科書ではときどき偏執病(パラノイア)と呼んでいるが、これは一種の転倒した宗教的神秘主義で、悪魔的な神秘主義と言えよう」(下巻254頁)。しかしながら、こうしたケースが存在するからといって、神秘主義全体を精神病の産物と見なすべきではない。ジェイムズは、人間が完全な真理に到達するためには、神秘的世界を自ら経験するというステップが必要不可欠であることを強調している。

「疑似宗教」化する宗教心理学

　以上のように本書では、「健全な心の宗教」「病める魂」「回心」「聖徳」「神秘主義」といったモチーフに沿いながら、古今東西に見られるさまざまな宗教経験の記述が分類・整理されている。本書の大半は、多様な文献からの引用で占められているが、そのなかに見られる鮮烈な描写の数々は、本書の魅力を高める要因の一つとなっ

ていると言い得るだろう。

とはいえジェイムズは，多様な宗教経験の記述を，単に幅広く収集したというわけではない。その背景には，神秘的現象を経験することにより，彼自身を含め，精神的不安に苦しむ多くの現代人に癒しをもたらすことが可能となるというストーリーが，大きな枠組みとして設定されているのである。本書の結論部では，宗教生活の本質的な特徴として，1）目に見える世界は，それを取り囲む霊的宇宙から存在意義を与えられている，2）霊的宇宙との合一や調和こそが，人間の真の目的である，3）霊的宇宙との内的交わりによって，そのエネルギーが世界に流れ込む，4）それによってもたらされる新しい刺激は，人間の叙情的感情や英雄主義を喚起する，5）安全や平安の気持ちが芽生え，他者への愛情が増進される，という五点が挙げられている。すなわち本書によれば，神秘経験に基づく人間の「霊的再生」こそが，宗教の核心なのである。

ジェイムズが提示した宗教論は，今日どのように評価されるべきだろうか。まず指摘しなければならないのは，前項で見たシュライアマハーと同様，それが「ロマン主義的宗教論」の系譜に属するということである。シュライアマハーが最終的にはキリスト教神学の枠内に留まったのに対し，ジェイムズは自らの理論を近代心理学の体系として提示し，それによって，キリスト教以外の諸宗教における神秘的現象のみならず，ヒステリーや解離，自動現象といった精神病理をも考察の範疇に含めることが可能となった。しかし，そのような差異はあるものの，宗教の有する制度的側面が軽視され，内面的感情に焦点が当てられていること，また，精神的宇宙との接触によって人間に「新たな自己」として再生する契機が与えられることなど，両者の理論の枠組みは基本的に同一であり，そしてそれら

は，ロマン主義という思想の流れのなかに位置していると捉えることができる。

　ジェイムズの宗教心理学を含むロマン主義的宗教論は，その後，数々の新興宗教や，ユング心理学・トランスパーソナル心理学等の運動を通して発展していったが，そこに見られる問題点にも目を向けないわけにはゆかない。心理学に基づく諸種の宗教論が普及していった結果，宗教は所詮は「個人の内面」に関する事象に過ぎないという近代的見解が一層強化され，宗教の有する制度的・法的次元，ひいてはその根本的な社会形成力が，次第に考察の範囲外に置かれるようになった。また，アカデミズムの内外からは，自己啓発や成功哲学，ニューエイジなど，心理的操作によって「癒し」を実現しようという疑似宗教的な運動が，数多く出現するようにもなっていったのである。今後の宗教学においては，宗教の全体的な構造において心理的次元がどのような位置を占めているのかという事柄について，改めて慎重に問い直してゆく必要があるだろう。

ウィリアム・ジェイムズ（William James, 1842-1910）

　アメリカ・ニューヨークに生まれる。青年期には画家を志していたが，才能の欠如を悟って断念，ハーバード大学で化学や医学を学んだ。73年から同大学で解剖学と生理学を教え，75年にアメリカ初の心理学の実験所を設立。85年にはアメリカ心霊研究協会の創設に携わった。その他の主著として，『心理学の諸原理』（1890），『信ずる意志』（1897），『純粋経験の世界』（1904），『プラグマティズム』（1907）がある。

アンリ・エレンベルガー

『無意識の発見　力動精神医学発達史』
The Discovery of the Unconscious:
The History and Evolution of Dynamic Psychiatry, 1970

木村敏・中井久夫監訳, 弘文堂, 上下巻, 1980 年

——近代における「合理性」と「非合理性」の相克——

　力動精神医学とは, 近代の精神医学のなかでも, 精神現象が成立するメカニズムを動的かつ通時的に把握する方法論, 具体的には,「意識」と「無意識」のあいだに展開される相克から人間精神を理解する方法論を指す。本書ではもっぱら, 19 世紀から 20 世紀前半までの力動精神医学の歴史が描かれる。その主要な登場人物は, ピエール・ジャネ, ジークムント・フロイト, アルフレート・アードラー, カール・グスタフ・ユングの四者である。

　近代の精神医学では, フロイト派, ユング派等の諸流派が乱立し, 自派の正当性や優越性を過度に強調する傾向があり, それらの相互関係や全体像を客観的に捉える研究が存在していなかった。本書はその欠を補うものであり, 現在は精神医学史の古典の一書と見なされている。ここでは多岐に渡る内容のなかから, 近代精神医学前史, ロマン主義, ユング, ジャネに関する記述を要約しておこう。

前近代的な精神療法
　本書ではまず始めに, 近代以前の社会において, 精神医療がどの

ような方法で行われていたかについて概観される。その具体相はきわめてヴァラエティに富むが、エレンベルガーは、フォレスト・E・クレメンツによる分類を参照しながら、それらを整理している。すなわち前近代社会では、1）病気の原因となる物体が体内に侵入する、2）霊魂が行方不明になる、3）悪霊が侵入する、4）タブーを破る、5）呪術を掛けられる、といった諸原因により、人は心身の病に罹ると考えられていたのである。

これらの病を治癒するために、前近代社会では主に、呪術的・シャーマニズム的技法が用いられた。各原因への対処法は、大枠として次の通りである。1）擬似的な外科手術を施すことにより、病気の原因を体から摘出したかのように装う。2）シャーマンが自ら脱魂状態（エクスタシー）に入り、行方不明の魂を探し出して、持主に返す。3）いわゆる「祓魔術（エクソシズム）」が行われる。治療者は患者を憑依状態に誘い込み、その際に出現する悪霊を追い払う。4）患者の罪を告白させ、適切な裁定を下し、神の怒りを慰撫する。5）どのような呪術を掛けられたか、呪者は誰かを探り当て、対抗呪術を施す。

呪術やシャーマニズムといった行為は従来、しばしば前時代的な迷信に過ぎないと捉えられてきたが、エレンベルガーの理解によれば、そのなかにはすでに、催眠・暗示・カウンセリングといった近代精神医学の手法が先取りされている。それらは実に、「力動精神医学の遠祖」と見なし得るのである。

とはいえ、原始医学と近代精神医学のあいだには、大きな違いも存在する。近代医学において、身体の病と心の病が明確に区別されるのに対して、原始医学においては、両者は未だ渾然一体とした状態にある。ゆえに、原始社会の治療者はしばしば、「偽薬（プラシーボ）」効果に見られるような心理的技法を用いて体の病を治そうとする。また彼

は，単なる医療者ではなく，より広範かつ高度な役割を担っており，社会集団の最高指導者の地位を占める例さえ少なくない。そして彼の治療は，密室で個人的に施されるというよりも，公的儀礼としての性質を帯びている。エレンベルガーは両者の差異に関して，医学史家E・アッカークネヒトの言葉を引きながら，「呪医はもっとも非合理的な人物としての彼の役割を非合理的な形で果たすのに対して，現代医師は非合理的なものに対してさえその合理化を強行するものである」（上巻51-52頁）と結論づけている。

合理化に対するロマン主義的抵抗

　啓蒙主義の思想に顕著であったように，近代の諸学においては，さまざまな物事を「合理的」に捉えることが目指されたが，しかしそれでも，合理主義がすべてを覆い尽くしたというわけではない。19世紀には同時に，ヒステリー患者の増加やスピリチュアリズムの流行など，非合理的現象の噴出が見られた。また，文化人や知識人のあいだでも，神秘的事象への関心が消えることはなかった。

　近代に出現した反合理主義の思想の代表例は，「ロマン主義」と呼ばれる潮流である。そして力動精神医学は，ロマン主義と常に密接な関連を保ちながら発展を遂げたのである。

　ロマン主義とは基本的に，言葉で明晰に表現できない領域を対象とする思想であるため，その内容を正確に規定することは難しい。ともあれ本書でエレンベルガーは，ロマン主義の全般的特色として，以下の六点を指摘している。1)「自然」への深い感情。啓蒙主義が人間理性と人工物を重視する一方，ロマン主義は自然を崇敬し，その内奥に分け入ろうとする。2) 目に見える自然の背後にある「基盤(グルント)」の探究。ロマン主義者の愛好する自然は，単なる物質的存

在ではなく，自己の霊魂が由来する精神的故郷と見なされる。3）「生成(ヴェルデン)」への思い入れ。啓蒙主義が理性の不変性を信奉するのに対し，ロマン主義は，個人・民族・言語・文化のすべてが有機的な生成発展の過程にあると捉える。4）「民族」の重視。啓蒙主義が，人類や社会の普遍的合理性を問題にするのに対し，ロマン主義は，個々の民族や文化に備わる独特の価値に力点を置く。5）新しい「歴史」感覚。啓蒙主義が未来志向であるのに対し，ロマン主義は，過去の世界に存在した精髄を呪術的方法によって呼び戻すことができると夢想する。6）「個人」の独自性の強調。啓蒙主義において，人間理性の普遍性・共通性が重視されるのに対し，ロマン主義では，人間一人一人に備わる還元不可能な固有性が強調される。

　総じて言えば，啓蒙主義が，人間の理性によってすべてを明晰に照らし出そうとする「光の思想」であったのに対して，ロマン主義は，理性の外部に不分明な暗部が残り続けると考える「闇の思想」であったと位置づけることができるだろう。

ユングの分析心理学──集合的無意識と自己実現

　力動精神医学における「無意識」という概念は，押し並べてロマン主義から影響を受けたが，なかでもユングの心理学は，その思想をもっとも色濃く継承していた。エレンベルガーは例えば，フロイトとユングの差異について次のように論じる。「ユングの分析心理学もフロイトの精神分析学も，ともにロマン主義に遅く生じた蘗(ひこばえ)ではあるが，精神分析学は，実証主義，科学主義，ダーウィン主義の相続人でもあるのに対して，分析心理学はこういった遺産の相続は拒絶し，ロマン派精神医学と自然哲学という源泉そのものに何の変改も加えることなく，そこへそのまま還帰する」（下巻289頁）。

「無意識」の内容や性質は，各流派によって実に多種多様だが，ユングはそれを誰よりも広大な領域として思い描いた。他の力動精神医学と同じく，人間の精神を「意識」と「無意識」に大別した上で，彼はさらに，無意識を「個人的無意識」と「集合的無意識」（あるいは「普遍的無意識」）に区分する。ユングによれば人間は，本来の「自己」に到達するために，個人的無意識のみならず，その深層にある集合的無意識の領野を探究しなければならないのである。

まずユングは，現代人の自我のあり方を「仮面(ペルソナ)」と称する。人々は常に，他人から自分がどう見えるかを意識・計算し，自己の外面としてペルソナを作り上げ，それを身に帯びているのである。人はペルソナによって社会に適応しているが，しかしそれは同時に，自己の生や人格をステレオタイプな鋳型に嵌(は)め込むことを意味する。そして，ペルソナへの過度な同一化により，真実の自己との繋がりが失われ，各種の精神病理が生じることになるのである。

精神的健康の回復を目指して無意識の領野の探究を開始するとき，最初に出現するのは，「影(シャドウ)」と呼ばれる多様な下位人格である。人は当初，それらに反発を覚えるが，やがてはそれが，自己の秘められた一側面であることを悟り，和解を遂げることになる。

無意識の探究がより深層に及ぶと，次に集合的無意識の領野から，アニマやアニムスと呼ばれるさまざまな「元型」が出現する。ユングによれば，集合的無意識とは，個人的無意識と異なり，民族や人類の全体で共有する精神的基盤である。そこには，宗教・神話・文学によって表現されてきた宇宙的象徴や，原始的な神イメージが充満している。そして人は，それらと触れ合うことによって，人格の新たな中心点となる真の「自己」に目覚め，個性的人間に生まれ変わり，精神の病理から脱却することになるのである。

ユング心理学の骨格は，人間の自我が，心の奥底に潜在する「精神的宇宙」に触れて変容を遂げるというものであり，その構図は，シュライアマハーの『宗教について』や，ドイツの哲学者シェリングの『人間的自由の本質』といった著作が描き出したロマン主義の枠組みからほとんど変化していない。しかしユングは，東洋の諸宗教や，西洋の秘教であるグノーシス主義や錬金術など，エキゾチシズムを感じさせる数々の宗教的要素を自己の体系に取り込むことにより，大衆的人気を博することに成功したのである。

ジャネの心理分析――心的外傷(トラウマ)と解離

フロイトやユングと異なり，ジャネは確固とした流派を形成しなかったため，彼の業績は長く顧みられなかった。これに対してエレンベルガーは，ジャネの文献を改めて精査し，そこに大きな価値が秘められていることを見出した。本書を契機として，「ジャネ・ルネッサンス」と呼ばれる再評価の動きが始まったのである。

ユングがロマン主義的な幻想世界に耽溺していったのに対して，ジャネは生来，宗教や霊性の世界に深く共感しながらも，あくまでそれらを合理的に把握することに努めた。また，フロイトと同様，ジャネも若い頃にジャン・マルタン・シャルコーの指導の下でヒステリーの研究に従事し，シャルコーが提唱した催眠療法の実践から出発したが，さらにそこから，独自の理論と治療技法を練り上げていったのである（特にジャネとフロイトの関係については，岡野憲一郎『続 解離性障害』岩崎学術出版社に詳しい）。

ヒステリーの患者たちを診察するなかで，ジャネが見出したのは，彼らの多くが過去の生活において，何らかの衝撃的事件に遭遇しているということであった。例を挙げれば，顔の左反面に膿を持った

少女との同衾を強いられた，チフスに感染して死線を彷徨った，大酒飲みの父親から暴力を受け続けた，等である。フロイトと同じく，心的外傷とヒステリーの関係に注目しながらも，フロイトが常にそれを性欲論の視点から捉えようとしたのに対して，ジャネは純粋に，外傷となった事件の衝撃性・暴力性に焦点を当て続けた。

　ジャネによれば，患者は心的外傷に向き合うことを無意識的に忌避するため，それにより「意識下固定観念」が形成される。またその周囲には，連想や置換によって二次的な固定観念が産出され，やがては独自の連合体となる。その存在は結果的に，健忘や遁走，身体の麻痺，多重人格といった諸症状を生み出すのである。ジャネは治療論において，催眠によって意識下固定観念を探り当てるのみならず，暗示や再教育によってそれを変形する必要性を強調した。

　ジャネは，意識と下意識が分裂する現象を「解離」と総称しているが，この概念は近年改めて注目され，ヒステリーという名称が放棄されるのに代わって，「解離性障害」という診断名が広く採用されるようになった。力動精神医学は全般的に，流派の著しい独善性や相互の不毛な争い，度を超えた理論の応用によって信頼を損なってきたが，解離やPTSDといった概念を基礎に据え，諸種の心因性疾患のみならず，さまざま宗教的・神秘的現象に関する研究を進めることには，未だ大きな可能性が残されていると思われる。

アンリ・エレンベルガー（Henri Ellenberger, 1905-1993）
　スイス人宣教師の子息として，南アフリカに生まれる。フランスで精神医学者として活動した後，1959年にカナダに移住，精神医学史の研究に携わる。他の邦訳書に『エランベルジェ著作集』（全3巻，みすず書房）がある。

ラルフ・アリソン

『「私」が，私でない人たち 〈多重人格〉専門医の診察室から』
Minds in Many Pieces: Revealing the Spiritual Side of Multiple Personality Disorder, 1980

藤田真利子訳，作品社，1997年

——多重人格者の心に潜む「悪霊」と「内部の自己救済者(インナー・セルフ・ヘルパー)」——

　突如として人格が別種のものに変容する現象については，「神憑り」や「悪魔憑き」など，古くから多くの事例が報告されてきた。近代の精神医学においても，18世紀後半にはすでに「人格の入れ換え」や「二重意識」といった概念が提起されている。

　とはいえ，現代社会において多重人格が広く知られるようになったのは，1973年，フローラ・R・シュライバーの著作『シビル』がベストセラーになったことを契機としている。この書物には，二重人格や三重人格に留まらず，16もの人格を宿したシビル・ドーセットという女性の症例について記されている。彼女の病の原因とされたのは，幼少時に受けた親からの虐待であった。主治医であるウィルバー博士は，彼女の治療に粘り強く携わり，彼女の人格の統合に成功する。心的外傷を克服し，才能豊かな女性として生まれ変わったシビルの姿は，多くの人々に感動を与えたのであった。

多重人格者との出会い

　アリソンは精神科医として，1960年代初めにカリフォルニア州

サンタクルスで医院を開いた。その頃,彼のもとを訪れるのは,鬱や妄想に苦しむ月並みな患者たちであり,時折現れる変わり種といえば,ドラッグ中毒のヒッピーたちくらいであった。

しかし,1972年3月に「ジャネット」という患者と出会うことにより,彼の境遇は大きな変化を迎える。彼女は当初,精神分裂病か躁鬱病だろうと思われていたが,自殺未遂を起こして緊急入院した際に「リディア」という名の別人格が出現することにより,多重人格であることが明らかとなる。リディアは,普段のジャネットと異なり,きわめて攻撃的かつ享楽的な人格であった。さらに彼女のなかには,内気で受動的な「マリー」,知的で良心的な「カレン」という人格も住みついていた。自殺未遂を起こしたのはマリーであり,ジャネット自身は,交代人格の存在や行動についてまったく知らなかったのである。

多重人格者の存在を自ら確認して以降,アリソンは,同じ病を抱える多くの患者に出会うようになった。そして彼は,多重人格の治療法を求め,H・M・クレックレーの『私という他人』(1957)を始めとする数々の先行研究に当たったが,具体的な治療の方針を見定めることはできなかった。医療の目的は,何より患者の症状の改善に置かれるべきであるということがアリソンの信念であり,ゆえに彼は,多重人格を治療するために,後に述べるような「非正統的方法」を含むあらゆる手段を試みることを決意する。

多重人格の構造と治癒

多重人格者の精神構造は患者によって多種多様だが,アリソンはそこに一定の共通性を見出している。それは大枠として,以下のような五種類の人格から構成される。

第5部　個人心理と宗教

1）〈オリジナル人格〉。人間の人格とは，思考・記憶・行動に関するパターンの集合体であり，そしてオリジナル人格は，子供時代の経験をもとに形成される。人間は通常，オリジナル人格のみを有するが，多重人格者の場合は，オリジナル人格がバラバラに断片化しており，そこに他の複数の人格が棲み着いている。

2）〈否定的人格〉あるいは〈迫害者人格〉。憎しみ・怒り・罪悪感・恐怖といった否定的感情のエネルギーが蓄積することによって生み出される人格である。この人格は，破壊的かつ攻撃的であり，オリジナル人格を始め，他の人格に対して激しい敵意と侮蔑を向ける。暴力や薬物濫用，自殺や自傷行為に走ることが多い。オリジナル人格が信仰している宗教を拒絶しようとして，あえて悪魔を崇拝していると主張することもある。

3）〈救済者人格〉あるいは〈援助者人格〉。この人格は，否定的人格に対抗するために，無意識の力によって作られる。オリジナル人格が心理的に耐えることができない状況に直面した際，援助者人格への交代が起こりやすい。オリジナル人格を助けること，その心の傷を癒やすことが目的であり，自分の存在が一時的なものであることを自覚している場合もある。

4）〈内的自己〉。これまでに取り上げた人格が，人生におけるさまざまな体験を契機に，個人の意識や無意識から生み出されるものであるのに対して，内的自己は，人が何かを経験する以前から存在する人格であるとされる。もし実際に「生まれ変わり」があるとすれば，この人格は，前世の人生経験を引き継いでいる。内的自己は，罪・恐れ・怒りといった否定的感情に関わりを持つことはない。

5）〈内部の自己救済者〉（Inner Self Helper = ISH）。他の諸人格と異なり，ISH は，外部から個人の内的世界に入り込んだ人格である。

その出現は，幻覚・幻聴・自動書記等によって示される。彼らは自分を，オリジナル人格を救う力を備えた「神の代理人」であると主張する。一人の患者に複数のISHが宿っているケースもあり，それらのあいだには，上下の階級が存在する。治療が進むにつれて，患者の諸人格は一つに統合されてゆくが，高位のISHはその後も「霊的指導者」として独立して存在し続けるという。

治療において目指されるのは，複数の人格の「霊的統合」である。そのプロセスが順調に進むと，否定的＝迫害者人格は力を失い，また患者は，救済者＝援助者人格が肩代わりしていた役割を自ら引き受ける方法を学んでゆく。諸人格は徐々に溶け合い，最終的には，単一の人格とISHが残される。統合は非常に静かに完成を迎えるため，それに気づかない患者もいるが，多くの場合では，幻覚や霊感が訪れ，神に従おうという強い決意が生じるとされる。

しかしながら治療には，失敗に終わるケースもある。その際には，否定的＝迫害者人格の力が増大し，他の人格は追い払われてしまう。ISHもまた，完全に破壊される。言わばそれは「負の霊的統合」であり，最後には，良心や道徳を欠落させた犯罪者的人格が残されることになるのである。

神と悪霊の実在

アリソンのそれに限らず，多重人格の研究においてはしばしば，症状に現れる諸種の人格を類型化する試みが見られる。そしてそれらの多くでは，微妙な差異はあれ，アリソンと同様，患者本来の人格，負のエネルギーを溜め込んだ迫害者人格，苦痛を代理する保護者人格，状況全体を俯瞰した知的人格，等のタイプが存在する。

しかし，アリソンの研究が通常のそれから大きく逸脱している点

は，若干の留保を付しているにせよ，魂の輪廻転生や霊の憑依の可能性を彼が認めていることにある。彼は本書において，多重人格者の治療に長年携わるに従って，患者たちのなかに，彼らの個人的経験によって形成されたとは思えない人格が宿っていることを否定し得なくなった，と述懐している。先述したように，「神」を自称する高位の ISH は，患者を精神的健康に導くだけではなく，ときに世界全体の構造や法則について滔々と教示するのである。

　アリソンによれば，実在する超自然的な人格は，善良で神的なものばかりではない。悪霊たちもまた存在し，彼らは人間に憑依することにより，さまざまな精神疾患を引き起こす。悪霊の憑依は段階的に進行し，初期においては強迫神経症や多重人格の症状として現れるが，最終的には，患者の人格全体を乗っ取ってしまう。そのとき患者は，完全な「悪の代理人」と化すのである。

　患者の病状が改善することを何よりも優先するアリソンは，ある時期からキリスト教の「悪魔祓い(エクソシズム)」の儀式を治療に取り入れたが，それによって彼は，精神医学界における異端派と見なされるようになった。しかしこれに対してアリソンは本書において，多重人格に関する科学的研究は未だ端緒についたばかりであり，あらゆる可能性を排除するべきではない，と反論している。

解離性障害——時代の風潮に左右される病

　1970年代のアメリカ西海岸で開始されたアリソンの多重人格研究を今になって振り返ってみると，それが時代の風潮から強い影響を受けていたことが分かる。しばしば彼の診療所に「ヒッピー」たちが訪れていたことが記されているように，当時のアメリカ西海岸は，ニューエイジ系カルチャーの世界的な中心地であった。アリソ

ンや患者たちもまた、自覚的にせよ無自覚的にせよ、それらの文化から影響を受けていたことが想定される。というのは、アリソンの理論の骨格には明らかに、ウィリアム・ジェイムズやC・G・ユングが宗教心理学で唱えた自己実現論や、スピリチュアリズムや神智学に由来する霊魂論（輪廻転生、守護霊、霊的階層化の観念）といったニューエイジ的要素が、数多く組み込まれているからである。

多重人格は、現在の精神医学では「解離性同一性障害」と称されている。すなわちそれは、「解離性障害」というカテゴリーのなかの一分枝なのである。

解離という現象の全体についてここで詳論することはできないが、一言で言えばそれは、自我の機能不全が起こることにより、現実世界の把握に障害が生じる病であり、離人感・健忘・幻覚・身体の麻痺・多重人格といった多彩な症状を特徴とする。その際に患者は、自ら多様な人格を纏いながら、「迫害」や「救済」に関する数々の幻想を引き寄せ続ける。そしてその幻想は、患者個人に由来するだけではなく、時代の風潮からも常に影響を被るのである。

また、本書でも指摘されているように、解離の症状は、宗教的神秘経験や霊現象とも密接に関係している。今後の研究においては、症状に現れる幻想を安易に実体化することなく、時代的・社会的環境を含んだ幅広い見地から、解離について考察してゆく必要があるだろう。

ラルフ・ブリュースター・アリソン（Ralph Brewster Allison, 1931- ）
　長老派教会の牧師の息子として、布教先のフィリピン・マニラで生まれる。UCLA医学部を卒業。カリフォルニア・サンタクルス郡病院精神科部長を務める。95年、国際解離研究学会より「ウィルバー賞」を受賞。

E・キューブラー・ロス

『死ぬ瞬間　死とその過程について』
On Death and Dying, 1969

鈴木晶訳, 中公文庫, 2001年

——医療の高度化によって消失した「死」の姿を求めて——

　死生学や終末期医療の世界的権威として知られるエリザベス・キューブラー・ロスは, 1926年, スイスのチューリヒに生まれた。彼女は若い頃から, 他者への奉仕や献身の志を抱いており, 第二次世界大戦が終わると, 「国際平和義勇軍」のボランティアとして, ポーランドでの難民救済活動に当たった。その後, チューリヒ大学医学部で学位を取得, 同じく医師であるユダヤ系アメリカ人のイマヌエル・ロスと結婚し, 58年にニューヨークに移り住んだ。

　当時のロスは, 仕事と育児に追われる平凡な医師の一人に過ぎなかったが, 助手として勤務していたコロラド大学で臨時の講義を任され, 「死」について論じたことを切っ掛けに, その名前が広く知られるようになる。彼女はその講義の前半で, 世界の諸文化に見られる多様な死生観について紹介した。そして後半では, 死を間近にした患者を教室に招き, 医学生たちと会話させたのである。白血病を患う16歳の少女を前にして, 医学生たちは動揺し, 満足にコミュニケーションを取ることができなかった。彼らは, 病状に関する単純な質問を繰り返すばかりで, 患者本人が何を考え, 何を願っているのかを聞き出そうとはしなかったのである。医療に携わる者で

あるにもかかわらず，死に対する明確な態度や認識を欠いているという問題意識は，ロスの生涯を貫くものであり続けた。

ロスは65年からシカゴ大学ビリングス病院精神科に勤務し，「死とその過程」に関するセミナーを主催した。『死ぬ瞬間』は，それにまつわる一連の成果を集成したものであり，出版と同時にベストセラーとなった。その概要は，以下の通りである。

死を受容するまでの五段階

同病院においてロスは，死に瀕した患者200名以上に対するインタビューを行った。本書の価値は何より，自己の死に向き合った患者たちが発した，数々の鮮烈な言葉が収録されていることにある。そしてロスの整理によれば，患者たちは大枠で五つの段階を経ながら，自らの死を受容していた。それは次のような諸段階である。

1）否認と孤立。病状を告げられた患者は最初に，「レントゲンが他の人と取り違えられたのではないか」「別の医者なら違う診断を下すのではないか」等と考え，自分が深刻な病気に罹ったことを否認しようとする。また，彼の態度や情緒は次第に不安定なものとなり，周囲から孤立し始める。

2）怒り。多くの人々は，なぜ自分が深刻な病に冒されなければならないのかということに，素朴な怒りを抱く。同時に，気苦労もなく生活を楽しんでいる周囲の人々への激しい羨望が芽生える。

3）取り引き。病のために辛い治療の数々を余儀なくされること，さらには，最終的に死が避けられないことを知った患者は，その代わりとして，何らかの願望を叶えてほしいと要求する。

4）抑鬱。手術や再入院を繰り返しながら，患者は，自分に死が近づいていること，その際には親しい人々の全員と別れなければな

らないことを自覚し，深い悲しみや無力感，罪悪感に苛まれる。

　5）受容。病状を告知されて以降，患者たちはさまざまな激しい感情を体験するが，最終段階を迎えると，彼らのなかの一定数以上の人々は，平静な気持ちで自らの人生を振り返り，後に残される家族の生活に配慮するようになる。聖職者の助言を受けることにより，宗教的救済に希望を繋ぐ人間も少なくない。

死にゆく者の声を聞き取ること

　終末期の患者に対するインタビューを始めた頃，ロスは，果たして彼らが進んで口を開いてくれるかどうかということを危惧していた。そして周囲の医療者たちも，患者の心を逆撫でする恐れのあるこうした試みに，概して否定的であった。

　しかしながら，患者たちの反応は，予想とはまったく異なっていた。彼らの多くは，病状について積極的かつオープンに話し合うことを心から望んだ。むしろ彼らは，医療者が患者の死の可能性について触れようとしないこと，そして，自身の職分を越えた領域には決して立ち入らないことに不満を抱いていたのである。患者の一人は，自分は病院のなかで「物のように扱われている」と嘆いた。

　ロスはチャプレン（病院付き牧師）と協力しながら聞き取りを進めていったが，本書のなかで彼女は，その調査自体が，患者の心にとって大きな癒やしの効果を持ったということを強調している。患者の話を親身になって聞くことは，彼が死を穏やかに受容する際の助けとなったのである。本書の結論部で，ロスは次のように述べる。「末期患者たちの反応が好意的だった理由が，もうひとつだけある。患者たちは後に何か残して死にたがっている。ささやかな贈り物をおくって，不死を幻想できるような物を生み出したいのだ。このタ

ブーになっている主題について患者たちがどう考えているのか，話してくれたことに私たちは深く感謝している。患者たちが果たしてくれた役割は，私たちに教えることであり，彼らのあとに続く人びとを助けることである。こうした役割の中から，彼らの死後も何かが生き続けるという考えが出てきた。彼らの示唆，彼らの空想，彼らの考え方は，このセミナーの中で生き続け，議論され続け，地味ではあっても永遠に果てることはないであろう」(427頁)。

スピリチュアリズムへの傾倒

　治療と延命を主目的とする近代医療の現場にあって，死をめぐる患者との対話に積極的な意義を見出したことは，ロスの大きな功績であった。『死ぬ瞬間』という書物は今でも，ホスピスや終末期医療の仕事に携わる者にとって，必読書の一つとなっている。

　しかしながらロスは，患者の言葉を聞き取り，後世に伝えるという，自身が本書の末尾で述べたような役割に徹することができたわけではなかった。彼女はその後，スピリチュアリズムやニューエイジの思想から強烈な感化を受け，「死後の世界」の実体的なあり方について熱心に論じ始めたのである。

　その代表例としては，1980年に行われた講演「生，死，死後の生」(鈴木晶訳『「死ぬ瞬間」と死後の生』所収)を挙げることができる。このなかでロスは，多くの人々の死に立ち会い続けた結果，人は孤独の内に死にゆくわけではないことを確信するようになった，と述べている。ロスによれば，死を迎えた人間は，自分の「守護霊」の存在に気づき，それが常に自分に付き添い，見守ってくれていたことを悟るようになる。また，先に死んだ人々の霊が集まり，人生を卒業したことを祝福してくれる。そして死者は，肉体の束縛

から解放されることにより、どんな場所にも瞬時に移動できるようになる。そのため、生者との関係が完全に断ち切られるということもない。ロスは、人間の死とは、蝶がサナギから羽化し、成虫となるようなものであるという表現を好んで口にしたのだった。

幻想の肥大化とスキャンダル

時を重ねるにつれ、ロスは多くの宗教家やスピリチュアリストと交流し、「死後の生」に関する思想への傾倒を深めていった。その経緯について、簡単に触れておこう（以下では主に、ポール・エドワーズ『輪廻体験　神話の検証』福岡洋一訳、太田出版を参照した）。

ロスが死後の生の存在を強く確信するようになったのは、同じく精神科医であるレイモンド・ムーディが1975年に公刊した「臨死体験」の研究書『かいまみた死後の世界』からの影響が大きい。ロスは、同書に序文を寄せてこれを称賛し、ムーディの記述が自身の臨床観察と一致すること、そして、現代人は宗教においても科学においても「新しい扉を開く勇気」を持たなければならないことを訴えた。ムーディの著書もまたベストセラーとなり、「霊魂不滅運動」として当時のアメリカを席巻したのである。

ロスはまた、ロバート・モンローという人物と接触し、自ら「体外離脱体験」を試みた。モンローは、1971年に『魂の体外旅行』という書物を公刊し、そのなかで、左右の耳に異なる信号を送って脳を刺激することにより、変性意識状態や幽体離脱を人工的に誘発し得ることを説いた。ロスがモンローの研究所を訪れ、「ヘミシンク」と呼ばれる装置を試してみたところ、彼女の意識は簡単に肉体を離れ、宇宙にまで到達したという。またあるとき彼女は、幽体離脱によってプレヤデス星団を訪れ、高次元の生命体と交流した。彼

らはロスに対し、地球人はすでに地球を破壊しすぎており、それを浄化するためには、何百万もの人間が死ななければならないと告げたという（立花隆『臨死体験』文春文庫、上巻489頁を参照）。

さらにロスは、宗教団体「ザ・ファセット・オブ・ディヴィニティ（神性の現れ）」の主宰者であるジェイ・バーハムの教えに心酔し、彼を「この国で最も偉大なヒーラー」と称えた。バーハムは降霊会において、ポジティブなエネルギーを集めることにより、霊を物質化することができると吹聴したのである。しかしながらその実態は、暗闇で裸になったバーハムが参加者に性的行為を強要するという、破廉恥きわまりないものであった。バーハムの教団は、ロスからの支持を受けて急拡大したが、1978年に欺瞞が暴露され、大量の脱会者が出るというトラブルを起こしている。

以上のように、実際のところロスの後半生は、絶えざる狂騒と醜聞に明け暮れていった。高度にシステム化した近代の医療制度において、個々の患者の「死」の姿が見失われているという当初のロスの指摘自体は、疑いなく重要なものである。しかし彼女は、こうした困難かつ繊細な問いに対して、あまりに安直で単純な答えを返してしまったのである。患者の死に向き合おうとする良心的な医師が、不意にオカルトの世界に足を掬われてしまうということも、決して稀なケースではない。今日のわれわれは、ロスの試みと蹉跌の経緯から、可能な限り多くの教訓を汲み取る必要があるだろう。

エリザベス・キューブラー・ロス（Elisabeth Kübler-Ross, 1926-2004）
　スイス出身の精神科医であり、終末期医療や死生学の提唱者。本書の他に、『死ぬ瞬間の対話』(1972)、『死ぬ瞬間の子供たち』(1981)、『人生は廻る輪のように』(1997) 等の著作がある。

第6部

シャーマニズムの水脈

ミルチア・エリアーデ

『シャーマニズム　古代的エクスタシー技術』
La Chamanisme et les Techniques archaïques de l'extase, 1951

堀一郎訳, ちくま学芸文庫, 上下巻, 2004年

――「イニシエーション」による超常的トランス能力の獲得――

　エリアーデはしばしば,「20世紀を代表する宗教学者」と称される。率直に言えば私自身は, 彼の業績の真価について少なからず懐疑的であるため, この呼称に同意することには逡巡を覚えるのだが, 幻想小説の流行作家としての知名度も合わせれば, 彼が良くも悪くも20世紀の「もっとも著名な」宗教学者であったことは疑い得ないだろう。多彩な業績を残したエリアーデとは, 果たしてどのような人物だったのだろうか。まずはその経歴を確認しておこう。

遍歴の生涯――ルーマニア, インド, フランス, アメリカ
　エリアーデは, 1907年, 陸軍将校の次男として, ルーマニアのブカレストに生まれた。彼は幼少時から幻想文学と自然科学に強い関心を抱き, 14歳の頃にはすでに, 錬金術を主題とした最初の幻想小説「私はいかにして賢者の石を発見したか」を発表している。また青年期には, 反ユダヤ主義の傾向を帯びた民族主義運動「レジオナール」を支持していたことが知られるが, それについてエリアーデが積極的に口を開こうとしなかったため, 詳細は明らかとなっていない。

成長するにつれてエリアーデは，宗教に対する傾倒を一層深めていった。とはいえ，ルーマニアの伝統的キリスト教が彼の心を満足させることはなく，彼の関心は，ヨーロッパの秘教である神秘主義や錬金術，さらには，東洋の諸宗教に向けられた。そのため彼は，ローマでルネサンスの神秘思想に関する論文を執筆した後，21歳でインドに渡り，サンスクリット語やウパニシャッド哲学の学習の他，ヨーガやタントリズムの修行に身を投じることになる。後に触れるように，約3年間のインド滞在の経験は，エリアーデの宗教観に決定的とも言い得る影響を与えた。

1931年，軍務に服するために一旦ルーマニアに戻ったエリアーデは，その後，ヨーロッパ各地を転々としながら，幻想文学者・宗教学者としての経歴を重ねていった。第二次大戦後は，共産化したルーマニアに反発して帰国せず，パリで生活を始める。本書を含め，『宗教史概論』『永遠回帰の神話』『ヨーガ』『イメージとシンボル』等の宗教学の主要著作は，もっぱらこの時期に執筆されている。

1956年にエリアーデは，シカゴ大学のハスケル講座に招かれ，宗教的イニシエーションの諸類型に関する講演を行った（堀一郎訳『生と再生 イニシエーションの宗教的意義』）。その際，シカゴ大学に留まることを求められ，翌年同大学の正教授・宗教史学科長に就任する。エリアーデの宗教学はアメリカで広く受容され，彼の学統は「シカゴ学派」と称されるようになった。78年からは，彼の学問の集大成として，『世界宗教史』の公刊が開始される。そして86年，脳充血のため，シカゴ大学病院で死去した。

インド体験の重要性

以上の経歴からも窺えるように，エリアーデは異次元の世界を垣

間見ることを希求する夢想家であり、生粋のロマン主義者であった。そして、彼の思想や宗教観を決定づけたのは、先述の通り、20代前半におけるインドでの体験である。当時、多くのロマン主義者たちが「神秘の国インド」への憧憬を抱いたのと同じく、エリアーデにとってもインドは、近代化の波によって覆い隠されようとしていた奥深い真理を開示してくれる場所として存在していたのである。

　エリアーデがインドを訪れ、ヨーガの修行を実践したことは、彼のシャーマニズム研究にも大きな影響を及ぼしたと思われる。次項でも見るように、シャーマニズムの現象は一般に、「脱魂（エクスタシー）」型と「憑依（ポゼション）」型の二種類に大別される。すなわち前者は、シャーマンが自らの魂を霊的世界へ飛翔させる能動的タイプ、そして後者は、シャーマンが自己の身体に霊を乗り移らせる受動的タイプである。さまざまなシャーマニズム研究では、この二類型は対等に扱われることが多いが、これに対してエリアーデは、脱魂型こそがシャーマニズムの本流であり、憑依型は傍流的な逸脱形態に過ぎないと見なした。彼がこのように判断したのは、霊能の真髄は、ヨーガの修行者のように、諸種の技法を駆使することによって自発的に神秘の世界に飛翔することにあると考えていたからであると想定される。それでは次に、『シャーマニズム』の内容を見よう。

イニシエーションにおける象徴的な「死と再生」

　シャーマニズムとは、シベリアのそれが典型例とされる事象だが、それ以外の世界各地にも、類似のケースが数多く存在する。それらにおいてシャーマンは、呪術師、呪医、卜占師、霊魂の導き手、祈祷師、神秘家、詩人といった、多種多様な役割を受け持つ。そしてエリアーデによれば、シャーマンがこれらの役職を果たすことがで

きるのは，彼が自覚的に「忘我恍惚(トランス)」の状態に入り，自身の霊魂を身体から離脱させるというラディカルな技術を有しているからに他ならない。ゆえにエリアーデは，シャーマニズムを「エクスタシーの始源的な諸技術」と定義する。

それでは人は，どのような仕方でシャーマンになることができるのだろうか。その手法は一般に「成巫(せいふ)過程」と称され，大別して，神や霊から召命を受けることによって自らの天職を悟る段階，続いて，シャーマンとなるための特別な教育を受ける段階，という二つの段階から構成される。

そしてエリアーデはこれらのプロセスを，「イニシエーション」の特殊形態と見なす。イニシエーションとは，多くの宗教に見られる「加入儀礼」や「通過儀礼」を指し，この儀礼を受けることにより，人は古い主体としての死を迎え，「宗教的人間」として再生するのである。このようにイニシエーションは，宗教全般において，人間の「死と再生」を演出するために執り行われるが，専門的霊能者であるシャーマンのそれは，とりわけ過酷なものとなる。本書では，その事例が数多く紹介される。例えば南米においては，「若いジヴァロ人がシャーマンになろうと決心すると，彼は師を求め，謝礼を払い，極端にきびしい規律に服する。何日間か，彼は食物に手をつけず，麻酔性の飲料，とくに煙草汁を飲む。最後に精霊が戦士の形をとってシャーマン候補者の前にあらわれる。師匠はすぐ，この候補者が意識を失って大地に倒れるまで殴打する。彼が正気に戻ったとき，身体は傷ついて少しさわっただけでもひりひりするほどになっている。このことは精霊が彼に憑依したことの証左である。実際，苦痛，陶酔，意識を失わせるほどの殴打は，ある意味で儀礼的死と同価値のものなのである」（上巻161頁）。

シャーマンのイニシエーションにおいては，入門者の生来の心と体が徹底して分解・破壊され，「象徴的死」の状態に落とされる。しかし彼はそれによって，意識を体外へトランスさせる技法を習得するのである。そして，師の導きによって心身が再構築されるとき，彼は再生・復活を遂げ，一人の新たなシャーマンとなる。シャーマンとしての彼の主な職務は，1）行方不明になった病人の魂を探すこと，2）犠牲として捧げた動物の魂を天界に運び，神々を供養すること，3）死者の魂を冥界に導くこと，等であるが，それらの遂行を可能としているのはまさに，イニシエーションの経験によって獲得したトランスの能力なのである。

呪的飛翔――原初の楽園への回帰

ゆえにシャーマンにとって，身体を離れて天に上昇する能力，すなわち「呪的飛翔」の能力は，もっとも重要かつ必須のものとなる。エリアーデによれば，世界各地のシャーマニズムにおいては，シャーマンに備わるこうした能力が，多様な仕方で表現されている。すなわち，シベリアの諸族では，最初のシャーマンは鷲から生まれたとされ，ゆえにシャーマンは飛翔能力を有すると言われる。また，ニューギニアのマリンド族の妖術師は，青鷺の長い羽毛で身体を飾り付け，鳥のように自由に空を飛ぶことができると称する。さらにエリアーデは，インド・ヨーガやチベット密教，キリスト教神秘主義に見られる空中浮揚や飛翔の能力もまた，広義においてシャーマニズムの領域に属すると述べている。

シャーマンにとって，呪的飛翔はどのような意味を持つのだろうか。先述した通りそれは，病者の治癒や死者の魂の導きのために必要不可欠の能力であるが，エリアーデはそのもっとも主要な役割を，

「始源の楽園への回帰」にあると見なす。オーストラリア先住民に伝わる「ドリームタイム」を始め、数々の神話で語られているように、原初的時代において人類は、動物たちと思うままに会話し、天と地を自由に行き来することができた。しかしその後、文明の発達とともに堕落が始まり、人類の超自然的な交流能力は失われ、始源の楽園は消え去ってしまったのである。

しかしシャーマンは、そうした能力を未だに保持している例外的な存在である。「この見地からすれば、シャーマンの体験はかかる太初の神話的時代の復古であり、そしてシャーマンは個人的に天地開闢の時代における人類の幸運な状態に帰り得る特権を有する人である。多くの神話は、シャーマンたちがそのエクスタシーのあいだに断続的に立ち帰る「始めのとき (illud tempus)」のパラダイスのような状態を鮮やかに描き出しているのである」(上巻246頁)。

アメリカの対抗文化から、日本の宗教学・新宗教へ

後にエリアーデは、原初的楽園の再現を希求する宗教を「宇宙的宗教」と名づけ、自らの学問の根幹に据えるようになる。同時に彼は、このような宗教的ヴィジョンを最初に見出したのが、まさしくインドの地であったことを述懐している(エリアーデの回顧談である『迷宮の試煉』作品社を参照)。

エリアーデの提示する宗教観は、特に彼が活動の場をシカゴ大学に移して以降、広範なポピュラリティを獲得するようになった。宇宙的宗教への憧憬・郷愁というモチーフは、1960年代以降のアメリカにおける「対抗文化」の思想的源泉の一つとなり、当時の若者たちは、エリアーデの影響を濃密に受けたアラン・ワッツやカルロス・カスタネダ等の著作を通して、その世界観に慣れ親しんでいっ

た。そして彼らは，精神変容の体験を求めてLSDやメスカリンといった薬物に手を伸ばし，さらには，イニシエーションを授けてくれる導師(グル)を求めてインドに旅立っていったのである。

　宗教の中核がイニシエーションにあるという見解は，70年代以降，日本においても着実に広まっていった。本邦の宗教学における代表例としては，チベット密教の修行の過程を詳細に描いた中沢新一の『虹の階梯』(1981)，通過儀礼に伴う人間的成熟を宗教の中心的機能と見なした島田裕巳の『イニシエーションとしての宗教学』(1993) を挙げることができるだろう。

　同時にそれと並行して，日本の新宗教の一つであったオウム真理教においては，グルから弟子へと伝授されるイニシエーションを基盤とした宗教的実践が，次第に過激さを増していった。ここでは詳論することができないが，日本の宗教学の一部とオウム真理教のあいだに親和的な関係が生まれた大きな理由の一つとして，両者がともに「イニシエーションによる人格変容」を宗教の中核に位置づけていたという点を挙げることができるだろう。「20世紀を代表する宗教学者」の精神性が，実はオウム真理教とも通底していたということは，今日の宗教学者が目を背けることを許されない事柄の一つである。

ミルチア・エリアーデ（Mircea Eliade, 1907-1986)

　ルーマニア出身の宗教学者・幻想文学者。学問的著作を発表する傍ら，自身の体験に裏打ちされた数々の小説を執筆した。小説の代表作に，『マイトレイ』(1933)，『ホーニヒベルガー博士の秘密』(1940)，『妖精たちの夜』(1955)，『ムントゥリャサ通りで』(1968) がある。

第6部　シャーマニズムの水脈

I・M・ルイス

『エクスタシーの人類学　憑依とシャーマニズム』
Ecstatic Religion: An Anthropological Study of
Spirit Possession and Shamanism, 1971

平沼孝之訳，法政大学出版局，1985年

——社会の周縁部に生じる「憑霊」のエクスタシー——

　前項で取り上げたエリアーデの著作は，世界各地に存在するシャーマニズムの比較研究にとって，画期的な一歩を記すものであった。しかしながらそこには，見過ごせない不備が含まれてもいた。例えば，考察の対象からアフリカが除外されていたこと，そして彼が，「脱魂（エクスタシー）」型と「憑依（ポゼション）」型というシャーマンの二類型のなかで前者を重視し，後者を副次的存在に過ぎないと見なしたことである。

　サマリアでのフィールドワークを経験したルイスは，エリアーデの研究を踏まえつつも，それを批判的に乗り越えようとする。ルイスが特に強調するのは，エリアーデ自身も認めているように，その研究において，社会的視点の導入が未だ十分ではないということである。果たしてシャーマニズムは，社会のなかでどのような役割を果たし，歴史的にどのように変容してきたのか。全体として本書の意義は，エリアーデのロマン主義的宗教観から脱却し，シャーマニズムの社会的・歴史的機能を重点的に考察している点にある。

　本書は七つの章で構成されるが，内容面から見れば，四つの部分に大別される。以下に，それらの概要を見てゆこう。

「精霊使い」としてのシャーマン

　第一章「エクスタシーの社会学に向けて」，第二章「トランスと憑依」では，シャーマニズム全般に対する本書のスタンスが示される。シャーマニズムは，神と人とがエクスタティックな状態で一体化・融合するという，宗教におけるもっとも深遠なドラマを中核とする。神秘的歓喜を伴った恍惚感に浸ることが，あらゆる宗教で奨励されているわけではないが，そうした契機をまったく欠いた宗教というのも見出し難いだろう。現代においても，スピリチュアリズムやオカルティズム，新宗教等の活動では，さまざまな手法に依拠した神秘的経験が重要視されている。

　そうした宗教的なエクスタシーは，そもそもどのような原因で発生するのだろうか。それは，まったく偶発的なもの，あるいは，個人的な資質に由来するものなのだろうか。そうではなくむしろ，社会秩序との関連性を有するのだろうか。ルイスは，シャーマニズムに関する基本的問題は未だ十分には解明されておらず，改めてそれに向き合う必要があると主張する。

　「シャーマン」という用語は，シベリアから北東アジアにかけて居住するトゥングース諸族に由来し，字義通りには，「興奮する者，感情を搔き立てられる者，引き上げられる者」を意味する。エリアーデの研究においても，トゥングース族は代表的な事例として取り上げられていた。そして彼はシャーマニズムを，「シャーマンによる精霊の受け入れではなく，天空への上昇あるいは下界への下降によってひき起こされるエクスタシー」と規定したのである。

　これに対してルイスは，ロシアの研究者シロコゴロフの著作に依拠しながら，エリアーデの見解を退ける。実際にトゥングース族のシャーマニズムにおいて，精霊の憑依は，自発的であれ受動的であ

れ，重要な位置を占めている。また，シャーマンになろうとする者の多くが最初に経験するのは，脱魂による天空への飛翔ではなく，精霊の側からの憑依である。彼は憑霊を受けることによって激しく精神を乱されるが，次第に諸霊との交流を深め，それらをコントロールできるようになる。そして最終的にシャーマンは，神や精霊とのエクスタシー的交合や神秘的合一に至るのである。

　ルイスはシャーマンを，簡潔に「精霊使い (master of spirits)」と規定する。脱魂と憑依はともに，シャーマンが精霊を統御する際に用いられる技法であり，それらのあいだに根本的な区別を設けることは不可能である。彼はエリアーデの見解を「人を惑わす愚説」と呼び，厳しく批判している。

社会的周縁化と憑依

　次に，第三章「災厄とその神聖化」，第四章「神秘的攻撃の戦術」では，社会のなかで憑依を起こしやすい集団や階層について論じられる。先に述べたように，シャーマンの内面で生じる人格的変容を重視するエリアーデに対し，その社会的機能に注目する点に，ルイスの分析の特徴がある。

　シャーマンとなる者を最初に見舞うのは，精神の著しい混乱や，身体の病である。それは「霊の憑依」として解釈され，やがては神秘的恍惚へと変容してゆくのであるが，その当初は，耐えがたい苦痛として経験される。そして当の「霊」たちは，憑依する対象をまったく無作為に選択するわけではない。彼らが特に偏愛するのは，社会の周縁部に置かれた弱者たち，すなわち，女性や下層階級に属する人間たちであるという。

　古今東西の社会を見渡してみれば，大半のケースにおいては，男

性中心の仕組みと価値観によって社会が成り立っている。女性たちは、嫁入りした家庭で肩身の狭い立場に置かれ、ときに夫から暴力を受ける。また、過酷な育児や労働を課されると同時に、性生活においても、一方的な受動性や不公平な禁欲に晒される。キリスト教やイスラム教の伝統的社会においても彼女たちは、主要な宗教儀礼から閉め出され、自尊心を大きく傷つけられてしまう。

男性中心の抑圧的環境のなかで、女性たちはさまざまな病苦を抱えることになるが、その主な病名の一つに挙げられるのが、「憑依わずらい」である。女性が過酷な環境に耐えられなくなったとき、突如として霊が憑依し、その口を借りて言葉を発する。霊の声はきわめて野太く、普段の彼女とは著しく異なった威厳を備えている。霊は男性たちに対していくつもの要求を提示し、それによって彼らは窮地に追い込まれる。女性が霊に憑依されたままでは日常生活が成り立たず、男性たちは問題を解決するために、相応の代価を支払わなければならない。このようにシャーマニズムは、女性の境遇ときわめて親和的であり、ときに諸霊は、社会に対する彼女たちの不満や異議申し立てを代弁するのである。

古代ギリシャにおいて、憑依型の疾患は「ヒステリー」と呼ばれ、女性の「子宮」(ギリシャ語でヒュステラ)と密接に関連していると考えられた。プラトンによれば、女性には子供を生みたいという願望が本能的に備わっており、思春期を過ぎてもそれが叶えられない場合、子宮が体内で暴れ出すことになる。今日の医学的見地に立脚すれば、プラトンの説は支持されないが、しかしそれは、古代ギリシャの社会でも子供を持たない女性が蔑視され、身の置き場を見出せずに苦しんでいたという事実を物語るものだろう。

憑依を受けやすいのは、女性たちばかりではない。奴隷や使用人、

失業労働者といった低身分の男性たち、あるいは、キリスト教やイスラム教の普及によって「土着の異教」と見なされるようになった宗教の信奉者たちもまた、霊の憑依を受けやすい。多くのケースにおいて霊の臨在は、熱狂的な歌とダンスによって表現される。彼らはそうした行為によって、社会の不正や歪みを告発すると同時に、抑圧された感情を一挙に爆発させるのである。

社会を守護するシャーマン

このように、霊の憑依という現象は、概して周縁的・反体制的な性質を帯びるが、必ずしも常にそうであるというわけではない。第五章「憑依と公共道徳（1）――祖霊カルト」、第六章「憑依と公共道徳（2）――他の宇宙論的体系」では、シャーマンが社会の中心的位置を占めるケースについて論じられる。

その代表例は、さまざまな部族宗教に見られる「祖霊」信仰である。部族社会においても、女性に憑依する外来の霊にまつわる周縁的信仰が存在するが、その中心を形成しているのは、部族の祖霊に対する信仰である。祖霊信仰では多くの場合、男性のシャーマンが祭司を務める。彼のもっとも重要な役割の一つは、葬礼を主宰することにあり、その際にシャーマンは、亡くなったばかりの親族の霊を召喚する。そして霊はシャーマンの口を借り、葬儀の供物に対する感謝を述べると同時に、今後の狩猟についての助言等を与え、一族の幸福を願うのである。

公的な政治組織や法廷が未だ存在しない小規模な社会において、シャーマンの職務は、医師、戦術家、祭司から、弁護士や判事まで、きわめて広範囲に及ぶ。シャーマンは、人間と自然の相関関係を熟知した存在と見なされ、彼はその見識に基づき、社会を統治するた

めのさまざまな禁忌や法を設定する。そして社会に災厄が発生すると、「セアンス」（交霊会）を開いて原因を究明する。それは、禁忌を破った人間を糾弾するための法廷であると同時に、災厄によって病んだ人々を癒やすための治療の場として機能するのである。

社会の規模が拡大し、高度な聖職機構と公的儀礼が発達するにつれ、個人的霊感に依拠するシャーマンは、不可避的に周縁へと追いやられる。しかし、社会が変動と混乱の状況を迎えると、再び憑依現象が頻繁に現出するようになる。その際に人々は、宗教的熱狂に促されながら、カリスマ性を帯びたシャーマン的人物を支持し、それによって困難を克服しようとするのである。

社会の動的構造とシャーマニズム

第七章「シャーマニズムと精神医学」では、両者の差異性と共通性について考察される。心理的手法を駆使して患者の治療に当たるという点で、シャーマニズムと現代の精神医学には共通性が見られるが、実際に前者の役割は、後者のそれより遥かに広い。まずシャーマンが取り組む対象は、心因性の疾患だけではなく、器質性の疾患も含まれる。また、彼が治療に当たるのは、病院の密室ではなく、セアンスという公開の場である。患者はそこで、自らの願望や怨念を思うままに表現し、状況の改善を求める。それは一種の社会的「心理劇」の様相を帯び、周囲に多くの観衆を引きつける。そしてセアンスを主宰するシャーマンは、現代の精神科医のような冷徹な観察者というわけではない。彼は一人の演者として激しい感情を露わにしながら、治癒のプロセスに主体的に参加するのである。

原始的社会と比較すれば、現代社会はきわめて高度な機能分化を遂げており、精神科医の役割もまた、必然的に局限されている。精

神の均衡を失った人々は，今や人目に付かない仕方で密かに治療を受けるのである。しかし現代でもなお，恐慌や戦争などの諸事件を契機として社会全体が不安定化し，集団的なヒステリーが発生するという状況を避けられるわけではない。その際には，混乱した状況を好機と捉える各種の活動家たちが，装いを変えたシャーマンとして登場し，人々の原始的な感情に訴えかけながら，社会の根本的な変革の必要性を高唱することになる。このようにルイスによれば，シャーマニズムという現象は，社会全体に備わる動的構造を視野に収めながら，改めて捉え直されるべきものなのである。

ヨアン・ミルディン・ルイス（Ioan Myrddin Lewis, 1930-2014）

　スコットランドのグラスゴーに生まれる。グラスゴー大学で化学を学んだ後，オックスフォード大学で人類学を専攻。ソマリアで2年間，遊牧民のフィールドワークを行う。1969年，ロンドン大学の人類学教授に就任。他の主要著作に『ソマリランドの現代史』（1979），『熱帯アフリカのイスラーム』（1980），『シンボルと精神』（1982）がある。

参考・関連文献
　桜井徳太郎『日本のシャマニズム（上下）』（吉川弘文館，1974-77年）柳田國男の『巫女考』，中山太郎『日本巫女史』等を嚆矢として，日本では高水準のシャーマニズム研究が蓄積されてきた。本書は，東北と沖縄の事例を中心に，日本の「口寄せ巫女」信仰の実相が丁寧に描写されている。
　佐々木宏幹『シャーマニズム　エクスタシーと憑霊の文化』（中公新書，1980年）国内外のシャーマニズムの事例全般を，平易に記述している。入門書として最適。
　池上良正『津軽のカミサマ　救いの構造をたずねて』（どうぶつ社，1987年）東北の口寄せ巫女の現代的な姿を描き出す。宗教学の方法論に関する内省が折々に挟み込まれており，読み物としても面白い。

上田紀行

『スリランカの悪魔祓い　イメージと癒しのコスモロジー』

講談社文庫，2010 年（原著刊行は 1990 年）

——心の病を癒やす，スリランカ村落社会の「心理劇(サイコドラマ)」——

　本書は，20 代後半の若き文化人類学者であった上田がスリランカで行った，二年半のフィールドワークをもとに執筆されている。しかし本書において，彼は必ずしも，研究者としての客観的立場に徹しているわけではない。当時の彼は，現代の日本社会にうまく馴染むことができないという実存的苦悩を抱えていた。スリランカでのフィールドワークは上田にとって，自身の精神的活力を取り戻す方途を探るという実践的意味合いをも有していたのである。

　したがって本書は，人類学的な調査報告であると同時に，多分に自伝的要素を含む内容となっており，またそれゆえにこそ，「悪魔祓い」の実際の姿が，主観的印象も交えて鮮明に描写されている。上田は帰国後，スリランカの精神文化を日本に導入する方法を探究し，そこから「癒し」という流行語が生まれていったのである。

「いきいき」の神様に見放された日々

　少年時の上田は，政治に深い関心を持っていたが，1969 年の東大安田講堂事件を目にして以降，徐々に失望が膨らみ，未来に対するヴィジョンを抱くことができなくなった。大学では理科系を専攻するも，数学や物理を心から好きになることはなかった。その頃の

彼は，深刻な無気力(アパシー)の症状に苦しめられ，治療のために心理カウンセリングに通いながら，自己の精神の内奥に潜む「闇」を見つめる日々を過ごしていた。当時の状況を上田は，「突然「いきいき」の神様に見放されてしまった」と表現している。

このような精神状態にあった彼が，活力を取り戻すヒントを得たのは，インド旅行での経験であった。物質的には貧窮していながらも，同地の人々は，底知れぬ活力に溢れていた。「何がすごいのかはうまく言えない。ただすごいエネルギーなのだ。貧しく飢えているはずの乞食が疲れを知らずどこまでもつきまとってくる。子どもたちの目の輝き，人力車の料金をめぐってのどなりあい，鼻水をたらしながら極辛のカレーを食べる快楽，そして道路上に寝そべる聖なる牛たち……」(67-68頁)。日本の社会に，また何より自分に欠如している「いきいき」の源泉を探るため，上田は理科系への進学を断念し，文化人類学を学び始める。そして調査の対象として選んだのが，スリランカの村落で行われる「悪魔祓い」の儀礼であった。

悪魔祓いの実相──孤独からの解放

最初に訪れたスリランカの都市部では，悪魔祓いの現存を否定する，あるいは，遅れた慣習として嫌悪するといった反応が支配的であった。しかし南部の村落に移ると，以前より減少したとはいえ，悪魔祓いは現在も行われていることが分かった。そして上田は，呪術師たちが集住する村落の存在を知り，同地での調査を開始する。そして間もなく，20回以上もの悪魔祓いの儀礼に立ち会うことができた。その一例は，以下のようなものである。

悪魔祓いが開始されるのは，日が落ちた後，夜七時半頃である。そのときの患者は既婚女性であり，彼女は，青白い相貌と痩せこけ

た形姿で現れた。最初に呪術師は、祭壇に供え物を捧げ、次に縦笛を吹き鳴らして悪魔を呼び出す。すると患者は、突如として筵に倒れ込み、ブルブルと体を震わせ始める。呪術師は、刺激臭を放つ香を焚くとともに、リズム良くドラムを叩き、低い声で呪文を唱える。今や患者は、凄まじい形相を浮かべながら、誰も押さえつけることのできない力で激しく暴れ回る。悪魔が姿を現したのである。そして村人たちは、彼女の様子を周囲から見守り続ける。

　興奮が頂点に達すると、悪魔に憑依された患者は、呪術師が奏でるドラムのリズムに合わせて踊り始める。それを見た呪術師は、悪魔に問答を仕掛ける。お前は何という名の悪魔か、いつ患者の体に入り込んだのか、憑依した理由は何か、仏法僧の権威を認めるか、といった事柄である。激しい応酬が交わされた末、根負けした悪魔は、夜明け前には患者の体を離れることを約束する。

　その後は約一時間の小休止に入り、悪魔祓いに立ち会っている家族や親戚、村人たちに食事が振る舞われる。会場は、人々の談笑の声で賑わい、開始当初の緊迫感とは打って変わった和やかなムードが流れる。儀礼が再開されると、再び激しいダンスと音楽、問答が繰り返されるが、悪魔の態度は次第に、凶暴なものからコミカルなものへと変化してゆく。そして夜明け前、呪術師と患者は付近の小川のなかに入り、呪術師は呪文を唱えながら患者の頭に水を浴びせかける。それによって悪魔は、ついに患者の体を離れるのである。

　小休止を挟み、舞台は再び患者の家に戻る。患者は白装束の衣装に着替え、別人のようなリラックスした表情を浮かべている。そこに現れるのは、大きな仮面を被り、カラフルな腰蓑を身に付け、両手にトーチを持つことにより、悪魔に仮装した者たちである。彼らは、調子外れの歌や卑猥な冗談によって、患者や観客たちを大いに

笑わせる。悪魔も参加する歓談と会食は，夜明けまで続く。そして朝日が差し込むと，呪術師は患者に対し，「これからは，ブッダのおわしますヒマラヤの雄大な景色を思い浮かべながら生活しなさい」と告げ，悪魔祓いの儀礼は幕を閉じる。

このケースの患者の場合，彼女が悪魔に取り憑かれる原因となったのは，主に家庭内の不和であったが，その他にも人は，受験や就職の失敗，子供の死産，交通事故の後遺症等のさまざまな理由から，悪魔に取り憑かれる。そして，呪術師や村人によれば，そうした人々に見られる共通性は，「タニカマ（孤独）」の状態に置かれていることであるという。何らかの出来事を切っ掛けに，周囲の人々から疎外された人間は，悪魔の「ディスティ（眼差し）」に晒される。この種の病は，患者を病院内に隔離する近代医学では，根本的に治癒することがない。悪魔祓いの儀礼において，悪魔の力を自ら実感すること，また，悪魔からの解放を周囲の人々とともに祝うことによって，患者に初めて真の「癒し」がもたらされるのである。

「癒し」のメカニズム――イメージが有する力

スリランカの悪魔祓いの様相を詳しく描いた後，本書の後半では，このような儀礼によって人はなぜ癒やされるのかということに関する考察が行われる。その際に最初に援用されるのは，機能主義と象徴論という，文化人類学における二つの基礎的な理論である。

まず機能主義によれば，さまざまな宗教儀礼は，社会を統合するという機能を有する。それはスリランカの悪魔祓いも例外ではない。機能主義によれば，「悪魔祓いは孤立した患者の共同体への再統合である，だから患者は癒やされるのだ」（161頁）と説明される。

次に象徴論は，数々の宗教的象徴によって構成される体系やコス

モロジーを重視する。その点から考察すると，スリランカの呪術師は，ブッダを頂点とし，悪魔たちを下層に配する神々の体系を構想している。ゆえに象徴論によれば，「悪魔祓いは神話の上演だ，そこでは悪魔はブッダの力の前では何ほどでもなく，去らねばならない存在だというメッセージがシンボルを介して伝達される。だから患者は癒やされるのだ」（166頁）と説明されることになる。

　こうした分析に対して上田は，誤りではないものの，未だ不十分であると見なす。共同体への再統合や，シンボルによるメッセージの伝達によって，人の心がなぜ癒やされるのかということを，これらの理論は直接的に説明するわけではないからである。機能主義や象徴論の分析を踏まえた上で，上田はさらに，脳科学や心理学に基づく分析に踏み込むのだが，率直に言ってこれ以降，本書の内容は，いささか怪しげな方向に傾いてゆく。

　その際に重視されるのは，「イメージ」に備わる本源的な力や，左脳と右脳に関する脳機能局在論である。上田はまず，カール・サイモントンの提唱するイメージ療法を参照する。その療法では，悪性腫瘍にエネルギーの光が降り注ぎ，それによって腫瘍が破壊され，体外に流れ出る過程を鮮明にイメージすることにより，病状が実際に改善してゆくと説かれる。上田の考えによれば，悪の形象とその除去をイメージすることによって患者の力を回復させるという点で，サイモントン療法と悪魔祓いのあいだには顕著な共通性がある。「偽薬」の処方によって病気が治癒することからも明らかなように，イメージには本来，大きな癒しの力が潜んでいるのである。

　次に上田は，右脳と左脳の局在論を援用する。それによれば，左脳は言語を中心とするデジタル脳，右脳は感情や生命維持を中心とするアナログ脳となる（ちなみにこの理論は現在，あまりに粗雑なも

のとして批判されることが多い)。現代人は概して、左脳の機能を過度に行使しており、それにより生命力や免疫力を減退させている。イメージの力は主に右脳に存在しているため、これを活性化させ、左脳の暴走を抑えなければならない。

　また、現代の日本ではすでに、「右脳の活性化による潜在能力の開発」が盛んに喧伝されているが、それは競争社会を生き抜くための方法の一つに過ぎず、真の癒しをもたらさない、と上田は説く。他者との競争に勝ち抜くため、人よりもハードに働くために潜在能力を行使することは、癒しではなく「呪い」の効果を生み出し、それは最終的に、地球環境の破壊に繋がってゆく。スリランカの悪魔祓いにおいて、患者が最後には敵である悪魔と共に笑い合ったように、他者と和解し、「つながり」を回復することこそが、心や社会、そして地球全体に癒しをもたらすのである――。

　上田が結論として提示しているのは、典型的なニューエイジ流の精神革命論と呼ぶべきものであり、オウム事件を経た今日、その主張を無批判に肯定することは難しいだろう。ともあれ本書においては、いささかナイーブに過ぎる点はあるものの、一人の若き人類学者が経験した苦悩と希望の軌跡が、裏表なく率直に記述されている。急速な経済発展や過剰な社会流動化に疲弊し、精神の癒しを渇望した当時のムードに触れる上でも、本書には一読する意義がある。

上田紀行（うえだ・のりゆき、1958- ）
　東京生まれ。東京大学大学院博士課程修了。現在は東京工業大学リベラルアーツセンター教授を務める。他の著作に、『覚醒のネットワーク』(1989)、『がんばれ仏教！』(2004)、『生きる意味』(2005) 等がある。

★コラム④　心霊現象と多重人格

　幻聴，幻視，体外離脱，憑依など，人間はこれまでの歴史において，さまざまな形式の「心霊現象」に見舞われてきた。柴山雅俊『解離性障害「うしろに誰かいる」の精神病理』（ちくま新書，2007）という書物で豊富な症例を引き合いに出しながら論じられているように，それらの現象は現代の精神医学では，「解離」と呼ばれる自我障害によって引き起こされるものと考えられている。

　解離の典型的な症状の一つは，解離性同一性障害，すなわち一般に「多重人格」と称されるものである。その際には，通常の人格と異なる人格が突如として出現し，周囲の人々を驚かせることになる。ここでは，その記述を文字通りに受け取ることには注意を要するものの，多重人格の今日的な姿を鮮烈に描いた三つの文献を紹介しておこう。

（1）花田深『妻は多重人格者』（集英社，2004）
　著者の妻は，人のオーラが見える，未来を予知できるなど，不思議な霊的能力を有していた。ところがあるとき，彼女には別人格が存在し，ヤミ金業者から多額の借金を引き出していることが判明，家族は大きなトラブルに巻き込まれる。

（2）代々木忠『マルチエイジ・レボリューション　多重人格者が描く迷走社会からの脱出口』（情報センター出版局，1998）
　著者は「AV界の巨匠」として有名な人物。多重人格の女性が，アダルトビデオへの出演を通して真実の愛情を探究し，過去のトラウマを克服してゆくプロセスを描く。

（3）小栗康平『症例X　封印された記憶』（ジービー，2014）
　精神科医として開業する著者は，現代医学で治療困難な症例を，ある女性霊能力者がいとも簡単に治療する姿を目の当たりにし，「内在性解離」という概念や，独自の治療法を編み出してゆく。

第7部

人格改造による全体主義的コミューンの形成

ハナ・アーレント

『全体主義の起原』
The Origins of Totalitarianism, 1951

大久保和郎他訳，みすず書房，全3巻，1981年

──大衆を巻き込みながら拡大する，全体主義の「世界観」──

　20世紀における，否，全人類史における最大の惨禍が，「全体主義」と呼ばれる政治体制から生み出されたということを否定する人は少ないだろう。その代表例は，ドイツのナチズムとソ連のスターリニズムであるが，ユダヤ人を中心としたナチズムの虐殺者は約600万人，スターリニズムの犠牲者は1000万人以上にも達するとも推定されている。こうした常軌を逸した大量虐殺は，一体どのような論理によって可能となったのだろうか。

　アーレントは，ドイツ生まれのユダヤ人であり，ナチズムの脅威を逃れて1941年にアメリカへ亡命，戦後もドイツに戻ることなく，同国で生涯を送った。すなわち彼女は，全体主義によって人生を大きく左右された当事者の一人であったわけだが，本書では私情を排した冷徹な筆致で，全体主義の由来と構造を分析している。

　本書は，第Ⅰ部「反ユダヤ主義」，第Ⅱ部「帝国主義」，第Ⅲ部「全体主義」の全三巻から成る。第Ⅰ部と第Ⅱ部は，全体主義が成立するまでの前史に当たり，近代の国民国家が成長を遂げる過程で，従来の宗教的な反ユダヤ主義とは異なるナショナリスティックなそれが形成される経緯や，資本主義と官僚制の発達に伴う帝国主義の

第7部　人格改造による全体主義的コミューンの形成　　193

台頭について論じられる。ここでは、全体主義のメカニズムを直接的に扱った第Ⅲ部の内容を要約することにしよう。

根無し草の大衆と「世界観」政党

　本書において、全体主義の事例として取り上げられるのは、ナチズムとスターリニズムである。両者はともに、特定の政党が大衆からの熱狂的な支持を集めることによって成立した。それではそもそも、「大衆」とはどのような存在なのだろうか。

　アーレントは最初に、20世紀の大衆が19世紀のそれとは大きく異なることを指摘する。19世紀の社会には、農民と都市生活者、資本家と労働者等、さまざまな地域差や階級差が厳然として存在し、そして各政党は、特定の地域や階級の代表者として行動していた。しかし20世紀に入ると、こうした構造が崩壊し、生活や文化の基盤を喪失した「根無し草」的人間が大量に生み出されることになる。ドイツにおいてその切っ掛けとなったのは、第一次大戦の敗北と、それ以降の深刻なインフレであった。他方でロシアでは、共産主義の思想に基づき、人工的な仕方で階級が破壊されたのである。

　根無し草としての大衆は、経済的豊かさや文化的教養から本質的に縁遠い存在であるが、その代わりとして彼らには、ある種の特別な感覚が備わっている。アーレントはそれを次のように描写する。「大衆は目に見える世界の現実を信ぜず、自分たちのコントロールの可能な経験を頼りとせず、自分の五感を信用していない。それ故に彼らには或る種の想像力が発達していて、いかにも宇宙的な意味と首尾一貫性を持つように見えるものならなんにでも動かされる。事実というものは大衆を説得する力を失ってしまったから、偽りの事実ですら彼らには何の印象も与えない。大衆を動かし得るのは、

彼らを包み込んでくれると約束する，勝手にこしらえ上げた統一的体系の首尾一貫性だけである」（第3巻80頁）。

先述のように，旧来の社会において政治家は，特定の階級や地域に所属し，その代表者として行動していた。彼らの主な職務は，自らの帰属先にとって有利となるような政策を立案することだったのである。ところが，20世紀の根無し草的大衆に対しては，利益誘導の約束は大きな説得力を持たない。というのは，彼らにはそもそも，自己の権益の基盤となるような安定した帰属先が存在しないからである。むしろ彼らの心を強く魅了するのは，漠然と抱えている不安や不満の原因を解明してくれるかのように思われる「世界観」である。こうしてナチスやボルシェビキーは，何より「世界観政党」としてその姿を現すことになる。

「陰謀勢力」に抵抗する結社としての党

それでは，大衆の心を深く捉えた世界観とは，具体的にはどのようなものだったのだろうか。一言で言えば，それは「陰謀論」であった。ナチズムの思想に大きな影響を及ぼしたことで知られるのは，『シオンの賢者の議定書』という陰謀論の文書である。同書によれば，ユダヤ人は密かに世界的なネットワークを形成しており，それを用いて無知な群衆をコントロールし，やがては世界征服を完成させることを目論んでいる。同種の陰謀論は，スターリニズムにおいても囁かれた。すなわちボルシェヴィキーによれば，世界は今や「トロツキスト」たちによって背後から操作されている。陰謀勢力の正体は，時とともに「三百家族」や「帝国主義」等に変更されたが，スターリニズムの体制を維持するためには，常にこうした空想的物語を必要としたのである。

第7部　人格改造による全体主義的コミューンの形成

アーレントは、大衆の想像力と結びついた全体主義プロパガンダの特色を、次のように描写する。「全体主義運動は（中略）権力を握る以前から、首尾一貫性の虚構の世界をつくり出す。この虚構の世界は現実そのものよりはるかによく人間的心情の欲求に適っていて、ここで初めて根無し草の大衆は人間の想像力の助けによって世界に適応することが可能となり、現実の世界が人間とその期待に与えるあの絶え間ない衝撃を免れるようになる。（中略）不幸の打撃に見舞われるごとに嘘を信じ易くなってゆく大衆にとって、現実の世界で理解できる唯一のものは、言わば現実世界の割れ目、すなわち、世間が公然とは論議したがらない問題、あるいは、たとえ歪められた形ではあってもとにかく何らかの急所に触れているために世間が公然と反駁できないでいる噂などである」（同83頁）。

陰謀論の思考法によれば、公式に発表される知識や情報はすべて欺瞞の産物であり、それらは、背後に潜む真の統治者を隠蔽するための目眩ましに他ならない。その支配を逃れ、自らの主体性を回復するためには、陰謀勢力に抵抗するための強力な結社を築き上げる必要がある。こうして全体主義の世界観は、悪しき陰謀勢力と、それに対抗する結社の相克、という物語に収斂してゆくことになる。

陰謀勢力の組織は、至高の統治者を頂点とする位階構造を備えると想像されることが多く、ゆえに、それに対抗するための結社もまた、「指導者（フューラー）」を頂点とする位階制によって構成される。指導者の周囲には、全体主義的世界観の奥義に通じたと見なされる精鋭たちが参集し、それによって彼の神秘性が一層際立たせられる。このような中核組織はさらに、一般の党員やシンパサイザーによって幾重にも囲繞（いにょう）される。こうして世界観政党は、他の一般的な党派と異なり、神秘的位階秩序や宗教的通過儀礼を備えた「秘密結社」のよう

な組織構造を呈するに至るのである。

全体主義の国家支配──秘密警察と強制収容所

　全体主義の政党は，陰謀論的世界観や強固な結束を武器に勢力を拡大させ，時には最終的に，国家をも手中に収めてしまう。しかしそれは，党にとって必ずしも肯定的な意味のみを持つわけではない。全体主義政党はこれまで，反体制的なスタンスによって支持を集めてきたのであり，その勢力が体制側に回ることは，運動のダイナミズムやラディカリズムを失うことにもなりかねないからである。

　その際に全体主義は，運動の勢いを持続させるために，国家の内部に巣くう「敵」の存在を盛んに喧伝し始める。アーレントはそれを「客観的な敵」と称している。「客観的な敵」とは差し当たり，ナチズムにとってのユダヤ人，スターリニズムにとっての反共主義者を意味するが，実際にはその内実が明確に定められているわけではない。全体主義の体制を維持するためには，常に何らかの形で敵を作り出す必要があり，指導者と党が名指しさえすれば，どのような人間も即座に「客観的な敵」になり得るのである。

　社会の暗部に巣くう敵を捜索・摘発するために，全体主義の国家では，「秘密警察」が高度に発達する。具体的には，ナチスにおける「ゲシュタポ」，スターリニズムにおける「GPU」がそれに当たる。秘密警察の組織は徐々に肥大化し，多数の人員が割かれるようになるが，潜在的にはすべての国民が監視の対象となるため，秘密警察のみで「客観的な敵」を完全に洗い出せるわけではない。ゆえに全体主義国家では，国民の相互監視と密告が日常的に行われるようになる。人々は今や，互いの一挙手一投足に「客観的な敵」の徴候を察知して疑心暗鬼となり，それを払拭するために，党や指導者

第7部　人格改造による全体主義的コミューンの形成　　197

への忠誠を自ら積極的に示そうとする。こうして全体主義の運動は，国民一人一人の内奥にどこまでも深く浸透してゆくのである。

　「客観的な敵」と見なされた人間は，秘密警察による逮捕・拷問を受けた後，強制収容所に隔離される。彼はその場で監禁や強制労働を課され，最終的には，生命を奪われることになる。

　これについてアーレントは，強制収容所で行われたことは，人間の「殺害」ではなく「抹消」であったということを強調している。これまでの人類史においては，どれほど過酷な戦争や処刑であろうと，人間はあくまで人間として殺害された。人が殺されたという事実そのものや，彼の死を追憶する権利を，誰も否認することはできなかったのである。しかし強制収容所で行われたことは，その人間の生の完全な抹消であった。「それらは，誰もがいつなんどき落ちこむかもしれず，落ちこんだら嘗てこの世に存在したことがなかったかのように消滅してしまう忘却の穴に仕立てられていたのである」（同224頁）。全体主義における前代未聞の大量粛清を可能としたのは，実に，人間の完全な抹消という手法と論理であった。

「生の無意味さ」を核として渦巻く暴風

　このように全体主義は，陰謀論の流布に始まり，秘密結社的な党派の結成，秘密警察と密告による徹底した監視，強制収容所における大量粛清に至るまで，幻想的世界観と悲劇的実践を限りなく追求していった。それでは，こうした運動を推進させる原因となったもっとも基本的な要素とは，果たして何だったのだろうか。

　それは，大衆の心に深く浸蝕した「自己の無用性」や「生の無意味性」の感覚である，とアーレントは指摘する。「強制収容所という実験室のなかで人間の無用化の実験をしようとした全体的支配の

試みにきわめて精確に対応するのは，人口過密な世界のなか，そしてこの世界そのものの無意味性のなかで現代の大衆が味わう自己の無用性である。強制収容所の社会では，罰は人間の行為と何らの関係がなくてもいいし，搾取が何ぴとにも利益をもたらさなくてもかまわないし，労働が何らの成果を生まなくてもいいということが時々刻々教えられる。この社会はすべての行為，すべての人間的な感動が原則的に無意味である場所，換言すれば無意味性がその場で生み出される場所なのである」(同262頁)。

社会の全面的な流動化によって微小なアトムと化し，生の実感を喪失した諸個人が，あたかも風に吹かれた砂塵のように舞い上がり，ついには渦を巻きながら，その内に自分自身を消失させてゆく——全体主義の運動は，以上のようなものとして理解することができるだろう。そしてこうした現象は，ナチズムとスターリニズムを終止符として，歴史から完全に姿を消したというわけではない。類似の大衆運動や政治体制は現代において少なからず存在し，また，オウム真理教が典型例の一つであるように，カルト的な宗教団体の内部にも同様の構造が見られることがある。全体主義の暴風がもたらす惨禍を未然に食い止めるためには，その運動の基本的なロジックを把握しておくことが，必要不可欠な第一歩となるだろう。

ハナ・アーレント (Hannah Arendt, 1906-1975)

　ドイツでユダヤ人の家系に生まれる。学生時代は，ハイデガー，フッサール，ヤスパース等に師事し，哲学を学ぶ。1941年，ナチズムから逃れてアメリカに亡命。51年にアメリカの市民権を取得。59年よりプリンストン大学客員教授を務める。他の著作に，『人間の条件』(1958)，『革命について』(1963)，『イェルサレムのアイヒマン』等がある。

チャールズ・リンドホルム

『カリスマ　出会いのエロティシズム』
Charisma, 1990

森下伸也訳, 新曜社, 1992年

——冷徹な管理社会を粉砕する, 「カリスマ」の熱い活力——

　啓蒙主義に典型例を見ることができるように, 近代においては, 人間の理性の能力が重視され, 同時に, それに基づく合理的な社会を建設することが目指されてきた。しかしながら近代は, ナチズムやスターリニズム, あるいは数々の全体主義的・破壊的カルトなど, 非合理性のエネルギーの比類なき噴出を見た時代でもあった。そしてそれらの運動の中心には常に, 神秘的オーラを纏った「カリスマ」的人物が存在していたのである。

　近代という理性の時代にあって, 人はなぜ未だに非理性の力に呪縛され続けるのか。本書は, ヴェーバーのカリスマ論を始めとする諸理論を扱う「理論編」と, ナチズム, マンソン・ファミリー, 人民寺院に見られるカリスマの実相を具体的に論じる「実例編」から成る。本書の醍醐味はむしろ, 実例編における鋭利な分析にあるのだが, ここでは紙幅の都合から, 理論編の概要のみを抑えておこう。

カリスマと集合的沸騰の社会学

　理論編では主に, 社会学と心理学の諸理論が検討される。そして, まず社会学の理論として取り上げられるのは, ヴェーバーとデュル

ケムの学説である。

　ヴェーバーは、ニーチェの超人思想から大きな影響を受け、自らの社会理論にカリスマという概念を組み込んだ。すなわち彼は、『支配の社会学』で提示した権力の類型論において、「伝統的支配」と「合法的支配」に並んで、「カリスマ的支配」という様式を挙げている（ヴェーバー『プロテスタンティズムの倫理と資本主義の精神』の項を参照）。そして、前二者がそれぞれ慣習と法を支配の基礎に置くのに対して、カリスマ的支配が依拠するのは、統治者個人に備わる「天与の資質」であるとされる。

　ニーチェは「超人」を孤独なアウトサイダーとして描いたが、ヴェーバーが記述するカリスマは、独自の磁力によって群衆全体を自身の運動に巻き込んでゆく存在である。その原型は、シャーマン、癲癇病者、狂暴な戦士、海賊、デマゴーグ、預言者等に見られるという。カリスマは、熱狂的な演説や歌唱によってエクスタシーの感情を掻き立て、群衆とのあいだに特異な交感状態を引き起こす。群衆は、彼の言動を知性や論理に照らして判断することを放棄し、独特の陶酔の感情に浸されながら、盲目的に彼に服従することを余儀なくされるのである。こうしてカリスマは、先行するすべての慣習や法を踏み破り、自らの強靱な意志と集合的活力に基づいて、新たな世界秩序を革命的に創出しようとする。

　ヴェーバーの見方によれば、合法的支配＝官僚制的合理化が根深く浸透する近代社会において、伝統主義やカリスマの影響力は、次第に退潮してゆかざるを得ない。しかしながら彼は、カリスマに備わる力を完全に見限っているというわけではない。カリスマの力の特性とは、現状の体制を根本から変革する点にあり、ゆえに、あらゆる社会学的分析を覆すような「まったく新しい預言者」が現れ、

管理社会の「鉄の檻」を粉砕し、熱気に満ちた交感を再び生み出さないとも限らないからである。

ヴェーバーがカリスマに備わる個の力に注目した一方、デュルケムは、社会に現れる集合的な力に焦点を当てることにより、類似の現象に対する考察を進めた。『宗教生活の原初形態』においてデュルケムは、宗教を社会統合力の源泉と見なしている。その力が適切に働かなければ、個人は散り散りの状態で孤立化し、結果として、「アノミー」という社会病理が現出することになる。

デュルケムの見解によれば、アノミーを防止するためには、社会において周期的に「集合的沸騰」を生じさせる必要がある。それは、トーテミズムの諸儀礼に原型を見ることができるように、共同体全体で執り行われる祝祭であり、そこにおいて参加者たちは、高揚、陶酔、自己喪失といった激しい感情を共有する。それによって彼らは、個の次元を超越したより大きな共同体のなかに没入し、根源的生命力が回復するのを実感することができるのである。

そしてこのような現象は、決して未開社会のみに限られるわけではない。デュルケムにとってフランス革命は、自分たちの社会が経験した大規模な「集合的沸騰」であり、そしてその際には、革命指導者のロベスピエールが中心的な役割を果たした。フランスの民衆は、新たな指導者の人格のなかに、国家再生の輝きを見たのである。

現在のフランスがアノミーに苛まれているのは、革命の熱狂がすでに遠く過ぎ去り、社会全体の活気や生命力が低減しているからに他ならない。こうしてデュルケムは、ヴェーバーとは異なったアプローチを採用しながらも、彼と同様、非合理的次元の力によって冷え切った社会を再活性化させる必要性を認めていたのである。

群集心理学と精神分析の知見

　二人の社会学者が,カリスマの有する非日常的な力を概して肯定的に捉えたのに対して,フランスの心理学者であるギュスタヴ・ル・ボンとガブリエル・タルドは,明確に否定的な見方を示した。

　ル・ボンとタルドが主な考察対象としたのは,都市における群集の心理であった。彼らによれば群衆とは,もっとも原始的な仕方で形成される人間集団であり,そこには知性も道徳も,定まった形態すらも存在しない。群衆の内部に引きずり込まれると,最高の知能と品位を備えた人間でさえ,たちまち低次元の精神性に引きずり下ろされてしまう。群衆は言わば,不定型な欲動の塊であり,それは数々の事件や現象に対して自動的かつ機械的に反応する「無意識のあやつり人形」に過ぎないのである。

　それでは,群衆に対してもっとも効果的に働きかけ,彼らをコントロールすることに成功するのは,果たしてどのような人物なのだろうか。それは,緻密な議論を組み立てることによって,彼らに備わる理性や道徳に働きかけてゆく人物ではない。むしろ,大げさな身振りによって自らの激情を露わにし,論理的判断を越えた事柄を飽くことなく断言し続けるような人物である。彼の強固にして狂熱的な意志は,群衆の一人一人に速やかに伝染する。「群集心理学によれば,人間というあやつり人形が存在感覚——すなわち「意志という幻想」を手に入れることができるのは,ただこうした痙攣的模倣行為においてのみである」(75-76頁)。指導者の意志に導かれながら,群衆は通常では見られない熱量のエネルギーを発揮するが,それらの行為のすべては,冷静になって振り返れば何らの建設的価値を持たない,純全たる愚行の数々に他ならない。

　このようにル・ボンやタルドは,群衆が「衆愚化」するメカニズ

第7部　人格改造による全体主義的コミューンの形成

ムを分析したが，しかし他方，それを扇動するカリスマ的指導者の精神構造について，詳細に論及することはなかった。リンドホルムによれば，むしろそのような領域の内側に踏み込んでいったのは，フランツ・アントン・メスマーからジークムント・フロイトへと至る，深層心理学の流れである。

　メスマーは，ドイツ出身の医師であったが，同時に預言者ともペテン師とも見なし得るような人物であった。彼は宇宙全体に「動物磁気」と称されるエネルギーが充満していること，さらには，その流れを統御する能力が自分自身に備わっており，それを用いて患者のさまざまな病を治癒し得るということを盛んに吹聴した。メスマーとその弟子たちは，各種の身体技法を駆使することにより，患者に夢遊病的トランスや癲癇発作を誘発することができたのである。メスマーの神秘的能力に触発され，彼の周囲には次第に多くの信奉者たちが参集し，その運動は，あたかも新たな宗教が創出されるかのような様相を呈することになった。

　他方，精神分析学のパイオニアであるフロイトは，メスマーの心的エネルギー論や催眠の技法を継承しつつ，さらにそこから，より体系的な精神の構造論を築き上げた。その理論によれば，幼児の精神においては，「リビドー」と呼ばれる欲動のエネルギーの大半が自分自身に備給されており，ゆえに彼は，誇大な全能感と自己愛(ナルシシズム)に満たされている。そして成長の過程において幼児は，「去勢」によって誇大な自意識を脱却し，社会の成員の一人として，法や規範への従属を承認する主体性を獲得してゆかなければならない。このようにしてフロイトは，人間精神の苦難に満ちた歩みを，「エディプス・コンプレックス」の理論として定式化したのである。

　精神分析の図式に照らして考察すれば，カリスマによる運動の実

態は，法に服する主体の形成過程というより，幼児的意識への急激な「退行」として理解される。カリスマの沸き立つエネルギーは，幼児の誇大な全能感にその源泉がある。彼の精神においては，自らの意志や思考と，外部の現実が区別されていない。そして，現代の文明生活や官僚制機構のもたらすストレスに疲弊する群衆は，カリスマの発する息吹に，日常とは異なる生気に溢れた活力を感じ取る。それゆえに彼らは，自発的に意識の外皮を脱ぎ捨て，カリスマの精神世界に没入してゆくことを欲するのである。

カリスマの原型と歴史的変容

以上のように，社会学や心理学の諸理論においてカリスマは，社会全体の再活性化要因から，幼児的精神性への退行に至るまで，優れて多様かつ対極的な評価を与えられている。これらの矛盾を解消し，カリスマに関する総合的な理解を打ち立てることは，果たして可能なのだろうか。

リンドホルムは，そうした目的を達成するために，カリスマについて歴史的観点から再考するべきであると主張する。彼の見解によれば，カリスマの原型は，原始社会のシャーマンにある。そして，そのような社会においてシャーマンは，必ずしも反体制的な性格を帯びていたわけではなく，むしろ指導者としての安定的な地位を確立していた。彼はエクスタシー的交感の技法を用い，個人の病を治癒すると同時に，共同体の危機に対処していたのである。

しかしながら，社会の合理化と分業化が進行するにつれ，シャーマンはその地位を追われ，次第に周縁化されていった。それとともに彼の役割は，共同体の指導者から，疎外と抑圧を受けた民衆の代弁者へと変容したのである。彼が示すエクスタシーは苛烈さを増し，

その主張は，現世拒否的な傾向を帯びるようになった。他方で民衆は，彼が日常的世界を超越した「神の化身」であると思い込んだのである。「現代社会においてわれわれの見たカリスマの異常な形態は，明らかに巨大な抑圧，巨大な情念の存在をしめしている。というのは，そこではカリスマ的人間関係が歪みつつ病的に肥大しているからである。社会がエクスタシー的呪者に狂気や悪を帰属させれば，共同体はそれに逆らうように自分たちの指導者の絶対的な神格化を主張する。このような二元論が指導者自身の魂と集団のなかで保持されつづける。彼らは疑惑や非難を相殺するためにますます度はずれた主張をかかげ，しばしば非常に不名誉なあつかいを自分たちにつづけてきた一般社会を完全に拒否するにいたる」(326頁)。

このようにリンドホルムは，共時的なレベルで見られる諸理論の対立や矛盾を，通時的な視点を導入することによって止揚することを試みる。それによって得られた理論的視座は，「実例編」に見られる具体的分析において縦横に活用されていると言えよう。本書は，現代社会におけるカリスマをめぐる諸問題に対して，直接的な対処法や解決策を示したものではない。しかしわれわれは，そこに記された多面的な分析から，自身の社会に存在する問題に向き合う際の有用な視点を得ることができるだろう。

チャールズ・リンドホルム (Charles Lindholm, 1946-)

アメリカ・ミネソタ州生まれ。コロンビア大学で人類学を学び，パキスタン北部でフィールドワークを行う。ハーバード大学人類学・社会科学部助教授を経て，1990年よりボストン大学人類学教授。その他の著作に，『寛容と嫉妬』(1982)，『フロンティアの視座』(1996)，『文化と同一性』(2007)，『世界に向けた闘争』(2010) 等がある。

米本和広

『洗脳の楽園　ヤマギシ会という悲劇』

情報センター出版局，2007 年（原著刊行は 1997 年）
——「無所有一体」を目的とした自我の解体——

　幸福会ヤマギシ会とは，1953 年，養鶏家の山岸巳代蔵（みよぞう）が創始した農業団体である。山岸は若い頃にアナーキズムやマルキシズムの思想に触れ，共産主義的ユートピアを建設したいという夢を追い求めていた。ある時期から養鶏を営み始めた彼は，自意識を持たずに活発に動き回り，自然と豊かさを生み出してゆく鶏たちの姿に，理想社会の原型を見て取るようになる。

　ヤマギシ会は当初，山岸の養鶏法を教授するための集会として出発したが，次第にユートピア社会の実現を目指す革命団体としての性格を色濃くしていった。ヤマギシ会が運営する農場は，団体の理想を実際に顕（あらわ）す土地＝「実顕地」と呼ばれ，その活動に参画するためには，個人として所有する財産のすべてを会に供出することが求められた。ヤマギシ会によれば，ユートピアを実現するためには，我執を完全に捨て去り，「無所有一体」の状態に達することが不可欠の前提となるのである。

　多くの紆余曲折を経ながらも，ヤマギシ会の運動は発展を続けた。その最盛期は 1990 年代半ばであり，その頃のヤマギシ会は，全国に 37 の実顕地を持ち，2500 人の会員と 2500 人の子供たちを抱え，農産物の売り上げは年商 250 億円に達していた。とはいえ，果たし

てヤマギシ会での生活は，本当に「ユートピア」の名に相応しいものだったのだろうか。本書は，その実態を批判的視点から解明したルポルタージュである。

ヤマギシズム学園における児童虐待問題

ヤマギシ会のコミューンは，一般社会からほぼ完全に隔絶しており，外部の人間がその内情を窺う機会はきわめて乏しかった。会の歪んだ実態が世に知られる切っ掛けの一つとなったのは，「ヤマギシズム学園」で暮らす児童たちの虐待問題である。ヤマギシズム学園は，子供の健全な育成を目的として 1984 年に設立された組織であり，学園生たちは親元を離れ，実顕地内の施設で共同生活を行う。ヤマギシ会の教育理念によれば，子供には本来，自ら成長するための力が内包されており，親からの指導や強制がなければ，子供たちは自然に互いを「育て合う」。そしてそれこそが，子供の無限の可能性を開花させる最適の方法であるという。

しかしながら実際には，学園の子供たちは，心身共に健康という状態からは程遠かった。彼らの体は総じて貧弱であり，通っていた学校ではしばしば「チビッ子集団」というあだ名を付けられていた。また，情動面においても不安定さが目立ち，「程度の差はあるものの，激しい攻撃性，自殺企図，自傷行為，退行的現象，不登校，孤立感，記憶障害などの傾向」(24-25 頁)を示したのである。

ヤマギシズム学園の子供たちに見られた諸症状は，総じて言えば，愛情不足とトラウマ的体験に起因するものであった。学園において彼らは，朝食も与えられないまま農作業に駆り立てられた。また，個人の自由が認められることはほとんどなく，世話係の意志に背けば，厳しい体罰が加えられた。親と会うことができるのは二ヶ月に

一度だけであり，彼らの多くは，愛情遮断の影響から「無欲様顔貌」（無気力な顔つき）を呈し，各種の成長障害を起こしていた。ヤマギシ会は97年，三重県に小中学校設立の計画書を提出したが，学園の実態調査が行われた結果，申請は不受理となっている。

　他方，米本が学園の惨状以上に驚きを覚えたのは，学園生の親たちを含むヤマギシ会の関係者が，そのような状況をさして問題視していないということであった。彼らがしばしば口にしたのは，「ほんとうのところはどうなのか，〈検べて〉みないとわからない」「特講を受けてみなければ，どんなにこの村を見学しても，ほんとうのところはあなたにはわからない」という不可思議な答えであった。こうして米本は，ヤマギシ会の深層を明らかにするために，入会の際の必須条件とされる「特別講習研鑽会」＝特講を自ら受けてみることを決意する。

特別講習研鑽会──「腹の立たない人間」を作る

　特講は，人里離れた合宿所で，七泊八日の日程で行われる。米本が訪問した際の参加者は，約百人であった。その目的は，「自他一体の理を研鑽し，これが真実社会の根本原理であることを体得する」こと，具体的には，「如何なる場合にも腹の立たない人になる」ことにあるとされる。

　特講は，セミナー形式の討議によって進められる。進行係が発する問いに対して，それぞれの参加者が回答し，問答の繰り返しを通して，参加者たちは自己の思考パターンを発見してゆくのである。討議のテーマは適宜変更され，本書でそれらは，〈嫌いなもの研〉〈怒り研〉〈一体研〉〈割り切り研〉〈所有研〉と称されている。

　序盤で行われる〈嫌いなもの研〉と〈怒り研〉において参加者は，

第7部　人格改造による全体主義的コミューンの形成

自身が嫌いなものや，怒りを覚えたことについて，徹底した反省を求められる。なかでも〈怒り研〉は，深夜まで続けられる過酷なものとなる。最初に参加者は進行係から，これまでに腹を立てた経験を話すように求められる。参加者がそれを口にすると，進行係は，「なぜそれが腹が立つのか」と問い直す。参加者は，それが怒りを喚起する理由を考えては進行係に伝えるのだが，彼はそれに納得せず，語気を強めながら「なぜ腹が立つのか」と執拗に問い直す。密室での尋問が何時間にも及ぶと，次第に参加者の怒りの気持ちは薄れ，むしろその感情は，自分自身の意識が作り出したもののように思われてくる。やがて参加者は説得を断念し，「もう腹は立ちません」と答える。そのとき，参加者の自我は音もなく崩壊し，後述するように，恍惚とした変性意識の波に洗われることになるという。

会の中盤の〈一体研〉では，自分が世界で孤立しているわけではなく，周囲の人や物と繋がり合って生きていることが強調される。それによれば，Ｔシャツやハンバーグといった何気ない日常品でも，実際には無数の人々の手を介して自分のもとに届けられている。また，通常の家系図を反転させた逆三角形の模式図が張り出され，自分が数多くの祖先たちの営みの結果として生み落とされた存在であることが示される。進行係は，この場所に偶然集まった特講生たちも，まったくの他人というわけではなく，過去を辿ればどこかで繋がっているはず，と説く。その後，『世界革命実践の書』をテキストとした勉強会が行われ，「無所有一体」の理念こそが，ヤマギシ会が目指すユートピアの原理であることを教え込まれる。

終盤に行われる〈割り切り研〉や〈所有研〉では，特講が終わった後，ヤマギシ会への参画を決意することを執拗に求められる。そのためには，これまで獲得してきた財産やキャリアをすべて放棄し，

会のために全人生を捧げなければならない。すべての「我執」を捨て「無所有一体」の意識状態に到達することこそが、ユートピアを実現するための不可欠の条件なのである。最後には、ヤマギシ会の実顕地の見学会が実施され、特講の全課程は終了する。

　本書が有する価値の一つは、長いあいだ秘匿されていた特講のプロセスを、詳細に明らかにした点にある。その根幹部分は、各種の「自己啓発セミナー」で行われている手法と大差ない。すなわち、最初に参加者の自我を執拗に攻撃し、その枠組みを解体させた後、理想の社会像や人間関係のヴィジョンを、さらには、セミナーを主催する団体への帰属意識を刷り込んでゆくというパターンである。しかしヤマギシ会の場合、実顕地という一般社会から隔絶したコミューンを有しているために、その影響はセミナーのように一過性のものに終わらず、参画者の人生全体に及ぶことになる。

「解離」の快楽と反復性

　本書が備えているもう一つの重要な価値は、著者自身が体験した特講の作用を、詳細かつ的確に分析している点にある。米本は、第三者として観察するという明確な目的意識をもって特講に参加したが、それでもなお、精神変容の影響を完全に免れることはできなかった。特講の課程が進行するにつれ、次第に時間の感覚が曖昧となり、正確な記録を残すことが難しくなった。また、特講を終えて日常生活に復帰しても、しばらくは奇妙な多幸感や離人感に襲われ、論理的な文章を書くことができなかったという。

　特講に主体的に参加していた人々の多くは、より強烈なヴィジョンを体験した。ある人は、〈一体研〉の家系図を見ていたとき、自分の意識が地球外に飛び出し、宇宙の彼方から地球を望見した。ま

た別の人は、〈怒り研〉で長時間「なぜ腹が立つのか」と問い続けられた結果、突如として後光の差した観音の姿が見えるようになり、そのとき何かが「ストンと抜けた」ように感じたという。

　これらの現象は、精神医学の用語で「トランス」や「解離」と呼ばれる。人間の自我は、通常と異なる苦しい状態に長時間晒されると、そこから逃れるための防御反応として、意識のスイッチの切替が行われる。その結果、記憶の健忘、離人感、人格の分裂といった諸種の症状を呈するようになるのである。

　このように解離は、精神的苦痛の結果として生じるが、本書の描写によれば、解離が起こる瞬間そのものは、きわめて甘美に感じられる。それは、自我がそれまで背負ってきた苦悩や緊張から一挙に解放され、世界全体に溶融してゆくような神秘的かつ享楽的な体験なのである。また、一旦精神を解離させた人間は、以後も精神的苦痛を逃れるために、その経験を幾度も反復することを欲するようになる。そして、自我の障害を抱え、一般社会への適応能力を毀損させた人々は、コミューンの生活への依存をますます深めてゆくのである。本書の分析は、不条理なコミューンや全体主義的カルトから容易に抜け出せなくなるメカニズムを把握するためにも、きわめて有用だろう。

米本和広（よねもと・かずひろ、1950-）

　島根県生まれ。ルポライター。横浜市立大学卒業後、繊研新聞記者を経てフリーに。「幸福の科学」の取材を切っ掛けに、新宗教やカルトの問題に取り組み始め、現在は主に統一教会員の強制改宗問題を手掛ける。他の著作に、『カルトの子　心を盗まれた家族』（2000）、『我らの不快な隣人　統一教会から「救出」されたある女性信者の悲劇』（2008）がある。

★コラム⑤　現代における究極的イニシエーション

　「イニシエーション」を執り行う形式は，各文化によって優れて多種多様だが，全体として言えばそれは，子供が成長して大人となり，社会の一員として認められること，そしてそのために必要な一連の試練を課されることを意味する。それでは，人が「大人になる」とは，具体的にはどういうことだろうか。あえて一言で言えばそれは，人間の生が綺麗事だけでは済ませられないということ，すなわち，人は何らかの仕方で「殺害」や「生殖」に携わらなければならないということの体得を意味するだろう。この両者は，その姿が赤裸々に晒されてしまえば，健全な社会の運営が阻害されるが，しかしそれなしでもまた，社会を存続させることができないものなのである。

　「生殖」についてはとりあえず措くとして，「殺害」について論じておけば，まず人が生きてゆくためには，日々の糧となる動物を殺害する必要がある。また，外敵の侵入によって共同体の存立が脅かされる場合，敵対する人間を戦闘によって殺害しなければならない。ファン・ヘネップの『通過儀礼』（岩波文庫，2012）や，エリアーデの『生と再生』（東京大学出版会，1971）の記述にも散見されるように，イニシエーションの主要な機能の一つとは，人を殺害に携わり得る「戦士」として成長させることにあったと考えられる。

　社会を存続させるために，時と場合によっては殺害行為が避けられないという峻厳な事実は，現代においてなお変わらない。そればかりか，職業の専門分化や軍事技術の高度化により，現代の「戦士」を育成するための教練方法は，きわめて酷薄なプロセスと化してさえいる。自らも軍人であるデーヴ・グロスマンは，『戦争における「人殺し」の心理学』（ちくま学芸文庫，2004）において，その実態を冷静かつ詳細に分析している。人間が生来的に殺害を忌避する性向を有すること，とはいえ，一連の「脱感作」の手法によってその性向を変容させ得ること，しかしながら，実際に殺人に手を染めると，多くの人間がPTSDの症状を免れ得ないことなど，本書から学ぶべき点は数多い。

第8部

新興宗教・カルトの問題

横山茂雄

『聖別された肉体　オカルト人種論とナチズム』

書肆風の薔薇, 1990 年

——ナチズムの世界観の背景に潜む「神智学」の人種論——

　一般にナチズムの思想は，ユダヤ人に対する激しい嫌悪や蔑視と，ゲルマン人＝アーリア人種に対する神聖視という，特異な人種論で知られる。こうした世界観は主に，反ユダヤ主義を基調とする文明史や生物学等の理論から形成されたものだが，その背景には実は，オカルティズムの潮流が影のように付き纏っていた。横山によれば，公認文化を「意識」とすれば，オカルティズムはその「無意識」に相当し，「公認文化の背後に見え隠れする広義の意味でのオカルティズムの理解を欠いては，その文化の本質には到達できない」（379頁）。本書では，神智学に代表される近代のオカルティズムや神秘思想が，ナチズムに合流してゆく思想史的経緯が描かれる。

　アーリア人を「神人」，ユダヤ人を「獣人」と見なすような奇妙な人種論は，オカルティズムにおいてどのような仕方で形作られたのだろうか。ここでは本書の論旨を，神智学の発展，アリオゾフィの形成，ナチズムの理論の三点に分けて要約しよう。

神智学の歴史観——人類の霊的進化と退化

　19 世紀の半ばにチャールズ・ダーウィンが提唱した進化論は，さまざまな分野に大きな影響を及ぼした。まず，人間が動物から進

化したとする見解は，人間と動物の境界を危うくし，キリスト教で唱えられてきた創造論を根幹から揺るがすことになった。さらに，優れた種が生き残り，劣った種は淘汰されるという「自然選択説」は，人間社会にも援用され，優れた民族や文明が世界を支配するという「社会進化論」を生み出した。ナチズムの「優生学」もまた，社会進化論に依拠しつつ構想された理論の一つである。

のみならず進化論は，オカルティズムの世界にも積極的に導入された。その代表例の一つが，神智学の歴史観である。神智学の創始者であるブラヴァツキー夫人は，ロシア出身の霊媒であり，ヨーロッパやアジアを転々としながら活動していたが，1873年にアメリカに渡った際，同地で進化論のブームに直面する。そして彼女は，スピリチュアリズムやオカルティズムの思想と進化論を融合させることにより，「霊の進化」について説き始めたのである。

ブラヴァツキーの理論は，『秘奥の教義』(1888) という書物で全面的に展開された。それによれば，人間の霊は，七つの段階の「根源人種」を経て進化してゆく。まず第一根源人種は，北方にある「不滅の聖地」に発生した。第二根源人種はハイパーボーリア人，第三根源人種はレムリア人，第四根源人種はアトランティス人と呼ばれる。現在の人類は第五根源人種に当たり，その支配種族はアーリア人である。人類は将来，さらに第六，第七の根源人種に進化し，高度な霊性を備えた「神人」に近づいてゆくことになる。

しかし，人類が大枠として霊の進化の道を歩む一方，そこから転落し，動物へと退化する人々も存在する。『秘奥の教義』によれば，レムリア人やアトランティス人のなかの知性が低い者たちは，しばしば動物との交合を行い，それによって「半人半獣」の生物を産み落とした。その子孫が，現在のタスマニア人，オーストラリア原住

民，ブッシュマン，アンダマン諸島人等であるという。また，オーストラリアのセント・ヴィンセント湾岸地方の原住民は，半人半獣の血を受け継いでいるわけではなく，単に「退化した人間」であるとされる。このようにブラヴァツキーは，霊の進化と退化という観点から，奇妙にして壮大な人類史を描き出したのである。

　ブラヴァツキーの死後，神智学は，多くの後継者の手を介して発展していった。その主要人物の一人に，ドイツの思想家ルドルフ・シュタイナーがいる。シュタイナーは中途で神智学協会を離脱し，独自に人智学を提唱したが，『アカシャ年代記より』(1904-08) という著作に顕著に見られるように，彼の歴史観は基本的にブラヴァツキーのそれと同一のものであった。また彼は，第五根源人種のアーリア人の進化において，ゲルマン文化こそが決定的な役割を果たすということを強調し，その神話や文学の崇高性を麗々しく謳い上げた。シュタイナーの諸著作は，当時の民族主義的(フェルキッシュ)なオカルティストたちによって好意的に受け止められていったのである。

アリオゾフィ——アーリア人種優越論と反ユダヤ主義

　このように，神智学が提示した歴史観のなかには，アーリア人を現在の「支配人種」とする観念がすでに存在していた。そしてその傾向は，ドイツやオーストリアの民族主義者によって先鋭化されると同時に，ユダヤ人に対する激しい蔑視をも引き寄せ，独特なオカルティズムの理論を形成させるに至る。その潮流は「アリオゾフィ(アーリアの叡知)」と呼ばれる。アリオゾフィの代表的論客としては，ともにオーストリア・ウィーンの出身者である，グイド・フォン・リストとランツ・フォン・リーベンフェルスという人物がいる。

　若い頃のリストは，工業化と環境汚染が進む都市ウィーンを忌避

し，近郊の美しい自然に触れることを好む青年であった。家の信仰はカトリックであったが，彼はむしろ，ゲルマン古来の神々を崇敬していた。1881年には，古代ゲルマン人がローマ人に勝利した戦争を描く新ロマン主義の小説『カルヌントゥム』を発表している。

　白内障を原因とする失明状態に陥った後，手術で回復したリストは，急速にゲルマン主義的オカルティズムに傾倒してゆく。彼によれば，古代のゲルマン社会は，知識人・軍人・農民の三階級から成り，知識人の集団は，ゲルマン民族固有の神秘的な知恵を保持していた。リストはそれを「アルマニスムス」と呼び，神智学を参照しながら，隠されたその教えを復興しようと試みる。彼によれば，アルマニスムスは長いあいだキリスト教によって抑圧されてきたが，その叡知が今こそ白日の下に現れ，同時に，至高の人種であるアーリア＝ゲルマン人による世界支配が確立するのである。

　他方でランツは，アーリア人種優越論と神智学の融合という発想を，リスト以上に大胆に押し進めた。ランツは若い頃，カトリシズムの信仰を志し，シトー派の「神聖十字」修道院に入会したが，その一年後，院内で偶然発掘された墓石のレリーフを目にし，決定的な霊感を受ける。それは，貴人が獣を踏みつけているという図像であり，彼はそこから，「貴人＝高等人種」と「獣人＝劣等人種」の闘争こそが人類史の実相であることを直観したのである。

　修道院を脱会したランツは，1905年にオカルト雑誌『オースタラ』を創刊し，独自の思想活動を展開する。彼は，聖書を始めとする数々の宗教文献を渉猟し，それを前提に，古代の神々とは，現在の人類より優れた能力を持った原人類，すなわち，失墜する前の高等人種であったと推定する。彼らは額に「第三の眼」を有し，さまざまな電気的超能力を行使することができたが，劣等人種との交合

によって堕落し，神の性質を失ってしまった。ランツによれば，アーリア＝ゲルマン人は堕落した高等人種であり，他方，さまざまな有色人種は，引き上げられた劣等人種である。現人類の課題は，高等人種と劣等人種の混血を抑止し，前者の神性を回復することにある。「忌まわしい人種混合によって失墜した高等人種が「電気の眼」を持つにいたるまで再進化する日を，彼らが再び全知全能の神にまで昇りつめる日を，ランツはかくて夢想するのだ」(30頁)。

ランツは，高等人種の血液を汚す劣等人種として，特にユダヤ人を敵視している。すでにブラヴァツキーは『秘奥の教義』において，ユダヤ人の起源がインドの賤民「チャンダーラ」にあると述べていたが，ランツはこの概念を濫用し，チャンダーラとしてのユダヤ人こそが，劣等人種＝獣人の代表格であると主張したのだった。

アリオゾフィに見られるようなオカルト的な反ユダヤ主義は，当時流行していたユダヤ陰謀論の文書『シオンの賢者の議定書』とも結びついた。『議定書』は現在，1864年に著されたナポレオン三世批判のパンフレットを剽窃・改竄(かいざん)して作られた偽書であることが知られているが，『議定書』を真正のものとしてフランスからロシアに持ち込んだのは，ユリアナ・グリンカという神智学信奉者であった。さらにそれは，ロシアの神秘主義者セルゲイ・ニルスの書物『卑小なもののなかの大いなるもの――差し迫った政治的可能性としての反キリスト』に収録されたことを契機に，世界中に広まっていった。このように，アーリア人に備わる不可視の霊性を探り当てようとする思考方法は，その反面として，ユダヤ人の陰謀という幻想をも生み出すことになったのである。

第8部　新興宗教・カルトの問題

ナチズム内部のオカルティズム──ローゼンベルクとヒムラー

　アリオゾフィに代表される民族主義的オカルティズムは、第一次大戦前後のドイツで急速に普及し、それとともに、ランツが1907年に結成した「新テンプル騎士団」を始め、多数の宗教結社や政治結社が生み出された。なかでもナチズムの直接的な源流となったのは、ルドルフ・フォン・ゼボッテンドルフが1918年にミュンヒェンで創設した「トゥーレ協会」である。トゥーレとは、極北に存在すると伝えられる聖なる島であり、多くの民族主義的オカルティズムにおいては、アーリア＝ゲルマン人種の原郷と見なされていた。ゼボッテンドルフは、「ゲルマン民族の血を備えた王侯に替わって、今や我らが天敵ユダが支配している」(183頁)と訴えかけ、短期間の内に多くの会員や賛同者を集めることに成功する。

　トゥーレ協会は1919年に「ドイツ労働者党」を成立させ、実践的な政治運動に乗り出す。同党は20年「国家社会主義ドイツ労働者党」＝ナチスに改名、翌年にはヒトラーが「指導者(フューラー)」の地位に就任した。ナチスにおいては、オカルト色を前面に出すことは控えられたが、アリオゾフィ的世界観は、その内部で脈々と継承された。本書ではその例証として、ナチの幹部であったアルフレート・ローゼンベルクとハインリヒ・ヒムラーについて考察される。

　まずローゼンベルクは、若い頃にステュアート・チェンバレンの書物『十九世紀の基礎』と出会い、そこから反ユダヤ主義の人種理論を吸収した。その後、トゥーレ協会との交流を経て、1919年にドイツ労働者党に正式加入する。彼が1930年に公刊した『二十世紀の神話』は、反ユダヤ主義とオカルティズムを主軸として組み上げられた、ナチズムの世界観の理論書となっている。

　同書によれば、アーリア＝ゲルマン人種の原郷は、北方の聖地ア

トランティスにある。アーリア人は，創造力に溢れた優秀な人種であり，彼らが放射状に南下していったことで，世界各地に高度な文明が築かれた。しかしながら，アーリア人の神聖な血液は，好色な劣等人種との交合により汚染されていった。今後は，純粋で理想的な北方人種から構成される「新たなる貴族」を生み出すために，人種改良と人種衛生を徹底させること，なかでも，ドイツ人とユダヤ人の性交を禁止することが喫緊の課題となる――。

こうした世界観を実行に移したのが，「親衛隊（SS）」の隊長ヒムラーであった。彼は親衛隊を，純粋なゲルマン人から構成される宗教的秘密結社に仕立て上げようとした。また，「祖先の遺産」というロ調査機関を設立し，世界中に残されたアーリア人の遺産を探索すると同時に，各種の人体実験を含む人類学的研究を推進した。そして最終的に，劣等人種の絶滅，高等人種の繁殖を遂行するために，強制収容所と「生命の泉」の運営に着手したのである。

われわれは，神智学に端を発し，ナチズムの政策の背景となったオカルト的人種論をめぐる顛末を，歴史上の愚行として一笑に付すわけにはゆかない。その思想は第二次大戦後，アメリカのニューエイジ思想に飛び火し，さらにそこから，日本の新宗教のなかにも継承されてきたからである。その経緯については，拙著『現代オカルトの根源』で概説したため，本書と合わせて参照されたい。

横山茂雄（よこやま・しげお，1954- ）

　大阪生まれ。京都大学英文科卒，同大学大学院修士課程修了。現在は奈良女子大学教授。主な著作に，『異形のテクスト　英国ロマンティック・ノヴェルの系譜』（1998）の他，「稲生平太郎」名義の『アクアリウムの夜』（1990），『定本　何かが空を飛んでいる』（2013）がある。

小川忠

『原理主義とは何か　アメリカ，中東から日本まで』

講談社現代新書，2003 年

——「聖典主義・二元論・終末論」に基づく反近代運動——

「原理主義」という言葉が広く知られるようになったのは，1979年のイラン革命，そして 2001 年 9 月 11 日のアメリカ同時多発テロ事件を主な契機としている。すなわちその言葉は，急進的なイスラーム保守思想，あるいは，テロ事件を引き起こすイスラーム過激派といった存在と分かち難く結びついてきた。とはいえ，原理主義という名称は，当のムスリムたちが自ら選んだものではなく，もっぱら欧米社会から一方的に付与されたものである。その一般的用法には，明確な政治的偏向性が付随していることから，これを学問的概念として扱うことに難色を示す研究者も少なくない。

しかし他方，原理主義の成立経緯，思想的特徴，世界的広がりに着目することにより，比較分析の概念として積極的に活用しようとする流れも存在する。小川は，こうした学問的知見を援用すると同時に，国際交流基金の職務から得た経験を活かすことにより，難しい主題に対して見通しの良い議論を展開している。

シカゴ大学の「原理主義」研究プロジェクト

本書の理論的基盤となっているのは，米国の宗教学者マーティン・マーティを中心に，1987 年から 95 年にかけてシカゴ大学で行

われた，原理主義に関する大規模な研究プロジェクトである。その成果は五巻本の論集として公刊されたが，特に最終巻の『原理主義の把握』に，全体の総括となる議論が提示されている。

それによれば，原理主義を狭義の学術用語として取り扱う場合，その使用は，北米のプロテスタント，ユダヤ教やイスラームといった一神教思想の領域に限定されるが，それ以外の宗教や文化復興運動をも含めて比較考察することにより，原理主義の性質が一層明らかとなる。同プロジェクトは，原理主義のイデオロギー的特徴として，次の五点，すなわち，1）近代化による宗教危機に対する反応，2）選択的な教義の構築，3）善悪二元論的な世界観，4）聖典の無謬性の主張，5）終末的世界認識と救世思想，を挙げる。

本書では，こうした思想的特徴に照らしながら，世界の六つの地域における原理主義的運動に対する考察が行われる。ここではそのなかから，米国，エジプト，日本に関する記述を要約しておこう。

米国のプロテスタント——原理主義の発端

先に述べたように，原理主義は今日，イスラームとの関連において論じられることが多い。しかし，信仰の「原理」に立ち帰らなければならないことを訴える運動が最初に明確な形で現れたのは，イスラームではなく，米国のプロテスタントにおいてであった。

米国は，憲法修正第一条で「政教分離」の原則を謳う世俗国家であるが，ピルグリム・ファーザーズの建国物語に示されているように，本来はプロテスタントの一派であるピューリタンが，自らの宗教的理想を実現するために大西洋を渡ったことから生まれた国家である。そうした政教一致・神権政治の理念は，啓蒙主義の普及や諸宗派間の抗争によって断念されるに至ったが，隠れたDNAとして，

同国の内部で確実に継承されていった。こうして米国社会は，科学的知見や個人主義に基づくリベラルな発想が主流を占める一方，道徳や社会秩序に動揺が見られると，原理主義的な宗教観に急激に回帰するという二面性を帯びるようになったのである。

キリスト教神学の分野においても，聖書の高等批評や自由主義神学が普及したのと並行し，その動向を批判する保守派の思想もまた，一定の支持を集め続けた。1886年，ドワイト・ムーディはシカゴに「ムーディ聖書研究所」を設立，リベラル派や共産主義の伸張に対して警鐘を鳴らした。彼にとってそれらの思想は，悪魔の勢力の拡大を意味したのである。また，1909年に公刊されてベストセラーとなった『スコーフィールド注釈聖書』においては，キリストの再臨と千年王国の樹立が近いとする終末論が強調された。同じ頃，リベラル派のハーバード大学名誉教授チャールズ・エリオットは，弱者への奉仕にこそ宗教本来の使命があると説いたが，保守派は激しくこれに反発，聖書の無謬性，キリストの肉体的復活，終末の到来等が信仰の核に他ならないことを主唱した。1910年からは，『諸原理 (Fundamentals)』というタイトルのパンフレットが定期的に公刊されるようになり，それが「原理主義（ファンダメンタリズム）」という概念の直接的な語源となる。

1920年代の進化論論争に敗れることにより，原理主義の勢力は一時的に退潮したが，第二次大戦後には，ビリー・グラハムを始めとする「テレビ伝道師」の活躍，ジェリー・ファルウェルが提唱した「道徳的多数派」運動の成功，ロナルド・レーガンの大統領選挙を契機とした共和党との連携によって，急速に教勢を拡大した。アメリカ同時多発テロ事件以降もその勢いは衰えず，彼らはイスラームを激しく敵視する一方，「最終戦争（ハルマゲドン）」勃発のためにはイスラエル

が必要であるという理由から、イスラエル寄りの米国の中東政策を支持している。このように、米国のキリスト教原理主義とイスラーム原理主義は、似通った形式で相互に対峙しているのである。

イスラーム原理主義の父, サイイド・クトゥブ

イスラームの原理主義においては、西洋から及ぼされる近代化の影響を退け、イスラームの規範を回復するべきことが説かれるが、本書によればその源流は、18世紀に成立したワッハーブ派にある。同派は、イスラーム内部の神秘主義や偶像崇拝を攻撃すると同時に、当時進出を開始していた西洋勢力に対して激しい敵意を示した。

19世紀以降、中東の大国の一つであるエジプトでは、ムハンマド・アリー、ナセル、サーダートといった統治者によって近代化が推進されたが、そうした政策の影響によって道徳的退廃や貧富の格差が目立つようになると、イスラーム復興の必要性が唱えられた。その表れの一つは、ハサン・アル・バンナーが1928年に結成した「ムスリム同胞団」である。この組織の目的は当初、主に教育と福祉の充実に置かれ、政治的には穏健なスタンスを基調としていた。しかし、第二次大戦終結期の混乱のなか、ムスリム同胞団の秘密組織のメンバーがネクラーシ首相を暗殺するという事件を起こし、政府の秘密警察もまた、報復として創立者のバンナーを暗殺した。その後ナセルは、ムスリム同胞団を弾圧し、これを非合法化する。

そうした状況下、ムスリム同胞団の新たなイデオローグとして登場したのが、「イスラーム原理主義の父」と称される人物、サイイド・クトゥブであった。クトゥブは元々、教育省に勤務する世俗的民族主義者であったが、米国留学の経験によって同地の実用主義的文化に幻滅を覚えるとともに、ナセルによるムスリム同胞団の弾圧

に反発し、イスラーム急進派に転向する。クトゥブは1953年に同胞団に入り、機関誌の編集長、指導評議会のメンバーを務めた。

クトゥブの思想の特徴は、先鋭的な「ジャーヒリーヤ」論にある。「ジャーヒリー」とは、神の正しい教えが見失われる「無明社会」を意味するが、クトゥブは、かつてのムハンマドの時代と同様、現代もまたジャーヒリーヤの危機を迎えていると考えた。彼はイスラームの敵として、「無宗教者、ユダヤ人、キリスト教徒、十字軍、モンゴル帝国、共産主義者、資本主義者、植民地主義者、シオニスト」を挙げている。彼によれば、これらの勢力は密かに共謀し、ナセルと彼の政権を支援している。クトゥブは、「物質主義に毒された現代世界から脱してイスラームの本義に立ち返れ。そのためのジハードを戦え」と呼び掛けたのである。

クトゥブは54年に逮捕され、長期の強制労働を課された。64年には恩赦で一旦釈放されたが、翌年再び投獄、66年に処刑された。イスラームの教えに殉じた彼の生涯や、獄中で著された『コーランの蔭で』『道標』といった書物は、アルカイダを含む後のイスラーム原理主義の諸団体に大きな影響を及ぼしたのである。

日本の原理主義——水戸学と日蓮主義の「国体」論

先述したように、原理主義は全体として、キリスト教やイスラームといった一神教と密接な関連を有する。確かに一神教においては、普遍的な神概念に基づいて敵と味方が明確に判別される傾向があり、また、聖書やコーランでは終末論的歴史観が前提とされているため、それが原理主義に結びつきやすいことは否定し得ないだろう。

しかしながら小川は、一神教以外の宗教に原理主義は見られない、あるいは、多神教は一神教に比較して寛容であるといった粗雑な理

解に対して，はっきりと異を唱える。その例証として本書では，ヒンドゥー・ナショナリズムの運動と日本の国体思想が挙げられている。ここでは特に，後者について見よう。

近代日本における「国体」という概念は，18世紀半ばに本居宣長によって大成された国学の流れに由来する。宣長は『古事記』と『日本書紀』を重視し，それを「神典のまま」読むべきことを主張した。さまざまな解釈を加えることは，漢国（中国）から伝えられた悪習，すなわち，虚飾に満ちた「漢心(からごころ)」に他ならない。日本における「迦微(かみ)（神）」の多様かつ玄妙な姿を捉えるためには，言語的な分析や解釈を超えなければならないのである。

宣長自身は，日本の神の姿や国家原理を明示することはなかったが，幕末に展開された後期水戸学においては，一層の具体化が図られた。その代表者の一人である会沢正志斎は，『新論』（1825）において，日本の「国体」の姿を次のように描き出す。すなわち日本は，天照大神の子孫によって連綿と皇位が継承された国家であり，日本の責務は，太陽の始源的生命力を世界に広げることにある。しかしその営為は，数々の「異端邪説」によって妨害されている。日本の本来の姿を取り戻すためには，仏教，儒学，キリスト教，民間信仰といった邪説を排撃しなければならないのである。

水戸学の国体論は，吉田松陰によって継承され，「尊皇攘夷」という革命思想として結実し，その論理は明治政府の精神的支柱となり続けた。また1930年代に行われた「国体明徴運動」は，戦時の総動員体制を支える基盤を提供したのである。

小川は本書の続編として，『テロと救済の原理主義』（新潮選書）という書物を執筆している。そこでは，日本におけるもう一つの原理主義として，田中智学によって創始された「日蓮主義」が挙げら

第8部 新興宗教・カルトの問題

れているため、それについても簡単に触れておこう。

　鎌倉新仏教と呼ばれる諸宗派のなかでも、日蓮宗は取りわけ苛烈な性質を備えていた。法華経を中心とする信仰や、いわゆる「四箇格言（しかかくげん）」に見られる他宗排撃など、日蓮宗には元来、原理主義の祖型となるべき特質が備わっていたと見ることができる。

　1861年に東京に生まれた田中智学は、深く日蓮に帰依し、1914年に「国柱会」を組織、日蓮主義と呼ばれる民衆主体の教化運動を繰り広げた。智学は、日蓮宗と日本が真に一致（法国冥合）したときこそ、日本を中心とする世界統一が達成されると説き、その理論を「日本国体学」と称した。彼の思想は、政体の変革を求める活動家たちに多大な影響を与え、彼らによって、満州事変、五・一五事件、二・二六事件等が引き起こされていったのである。

　小川が述べるように、本質的に「近代化は痛みを伴うプロセス」（240頁）であり、それに伴う矛盾や摩擦から、誰もが完全に自由でいられるわけではない。そして、社会全体のストレスが耐えきれない水準にまで昂進したとき、過去の聖典に記された「原理」が再浮上し、その基準によって善悪の勢力が分かたれ、両者のあいだで遠からず最終戦争が勃発するだろう、という幻想的な世界観が湧出（ゆうしゅつ）することになる。原理主義は、近代化の潮流に対する強烈な反動として生み出される思想の一形態なのである。

―――――――――――

小川忠（おがわ・ただし，1959- ）
　神戸市生まれ。早稲田大学教育学部卒。82年に国際交流基金に入社し、ジャカルタやニューデリーで文化交流事業に当たる。他の著作に、『インドネシア　多民族国家の模索』(1993)、『ヒンドゥー・ナショナリズムの台頭　軋むインド』(2000)等がある。

大田俊寛

『オウム真理教の精神史　ロマン主義・全体主義・原理主義』

春秋社，2011 年

――「死」の姿を消失させた近代社会への強烈な反動――

　最後に紹介する書物として，誠に僭越ながら，私自身が著した一冊を取り上げることをお許しいただきたい。

　オウム真理教の活動は，ヨーガ道場を開設した 1984 年から，地下鉄サリン事件を引き起こした 1995 年まで，約十年間にわたる。その間にオウムは，多様な教義や実践形態を内部に取り込み続けたが，その大枠は，次の三点に要約することができる。1）修行によって数々の神秘的現象を体験し，「真我」への到達＝解脱を目指す。2）教祖の麻原彰晃は，輪廻転生の法則を知り尽くした「最終解脱者」であり，オウムの信者のみならず，日本国民のすべてが彼に帰依しなければならない。3）近い将来「ハルマゲドン」が勃発し，その際には，善いカルマを積んだ者は生き延びて神聖な王国を建設し，悪しきカルマを積んだ者は破滅に追いやられる――。

　あまりに荒唐無稽と言って過言ではないこうした世界観は，果たしてどのような歴史的経緯から生み出されたのだろうか。またオウムは，なぜ短期間の内に多くの信者を集めることに成功し得たのか。この疑問を解くためには，近代社会が抱える根本的な特質や矛盾について，最初に指摘しておかなければならない。

近代における公共的死生観の消失

　近代以前の社会では，人々は大枠において，特定の死生観を共有していた。例えば古来の日本であれば，人は死後に「祖霊」となり，盆や正月に子孫を来訪する。あるいは中世ヨーロッパであれば，死後は墓で眠り，キリスト再臨時に復活して神の審判を受ける，というように。しかし近代になると，このような公的な死生観は，社会の表面から姿を消してしまった。それにはいくつもの理由が考えられるが，主として次の二点を挙げることができるだろう。

　第一に，近代が「政教分離」を主要な原則としたこと。宗教改革以降，ヨーロッパでは旧教と新教の紛争が頻発し，それを受けて，国家と教会を分離すること，さらには，政治の場に宗教の問題を持ち込まないことが，社会の基本的ルールとして設定されるようになった。それに伴い，宗教は個々人の私事と位置づけられ，宗教と結びついた旧来の死生観もまた，公共性を失っていった。

　第二に，ルネサンスに始まる近代科学の発達により，物質主義的世界観が支配的になったこと。地動説や進化論に典型例を見ることができるように，科学的知見はしばしばキリスト教の教義と対立し，結果としてそれらを，前時代的な迷信として退けた。また死後の世界についても，少なくとも科学的手法では実証されないことから，その存在が疑問視される，あるいは否定されるようになった。

　以上の通り，近代社会は原則的に，世俗的主権国家と経験科学という基礎の上に構築される。しかしそれでも，旧来の宗教的信仰や死後の世界への関心が，人々の心から完全に消え去るというわけではない。それらは「反近代性」の装いを纏いながら，再び回帰してくることになる。そして本書では，ロマン主義，全体主義，原理主義という反近代的な諸潮流を読み解くことにより，オウム真理教と

いう特異なカルトの歴史的位置づけを解明することが目指される。

ロマン主義——精神の闇に潜む永遠の真我

　近代の成立において重要な役割を果たしたのは，啓蒙主義と呼ばれる思想の流れであった。啓蒙主義では，人間の理性が「光」として捉えられ，理性の光によって世界を正確に把握し得る，あるいは，合理的な社会や国家を建設し得ると考えられた。近代の主権国家論や経験科学は，啓蒙主義の思想の上に構築されたのである。

　しかしながら，啓蒙主義的な「光」の思想が支配的になると，それに対する反動も生じてきた。すなわち，理性の光によっていかに世界を照らし出そうとも，そこにはなお明晰に把握できない「暗部」が残り続けるのではないだろうか，と考えられたのである。このような仕方で展開された「闇」の思想は，一般にロマン主義と称される。啓蒙主義が，政治思想や自然科学を発達させたのに対して，ロマン主義では，文学・芸術・宗教が重視された。ロマン主義者たちは，人工的な文明生活を忌避して自然を愛好すると同時に，外界から目を閉ざして心の奥底に沈潜していったのである。

　ロマン主義的宗教論の初期の代表作としては，シュライアマハーの『宗教について』とウィリアム・ジェイムズの『宗教的経験の諸相』を挙げることができる。これらの著作では，内面で生じる神秘的現象こそが宗教の中核であり，それを経験した人間には，大きな人格的変容が生じることが論じられた。同様の構図は，ユング心理学にも見られる。彼はそこで，普遍的無意識の領野を探究することにより，真実の「自己」に到達し得ること，そして自己は，個人の生死を超越した永遠性を帯びることを主張したのである。

　ロマン主義的な精神論や人格変容論は，20世紀後半，アメリカ

を中心とするニューエイジの思潮によって継承され，大衆的人気を博した。そしてその際には，ブラヴァツキー夫人の神智学において提唱された修行論や輪廻転生論もまた，積極的に導入・混淆されていった。すなわち人は，ヨーガや瞑想の修行を実践することにより，輪廻転生の法則を知ると同時に，永遠の真我を覚醒させることができるのである。「ヒッピー」と呼ばれる多くの欧米人が，インドに渡って修行生活を送る一方，ヨーガの「導師(グル)」たちはアメリカに渡り，数々の新宗教を興した。マハリシ・マヘーシュ・ヨーギーやバグワン・シュリ・ラジニーシは，その代表例である。

　ニューエイジの世界的ブームは，1960年代以降，日本にも流入した。その一角を形成したのは，桐山靖雄によって創始された「阿含(あごん)宗」である。桐山は，ヨーガや密教の修行を積むことにより，超能力の発現や，前世の記憶の想起が可能となると説いた。さらに彼は，覚醒した人類が新たな種に進化する一方，現存の人類は，近い将来に滅亡を迎えるという予言を示したのである。

　チベット密教の修行を自ら実践した宗教学者の中沢新一は，81年に『虹の階梯』を公刊した。彼はこの書物で，「心の本性」に到達するためのチベット密教の段階的な瞑想法を概説し，特にその修行においては，グルへの絶対的な帰依が必要であることを強調した。また，「ポワ」と呼ばれる身体技法に習熟すると，自分の意識を体外に離脱させ，生死を超えた境地から世界を眺めることができるばかりか，生前のカルマに応じて次の転生に向かう死者の魂を，より高い世界に引き上げることさえ可能になると論じたのである。

　オウムにおいては，「真我の覚醒」や「超人類への進化」が主要な教義として説かれたが，こうした観念は，19世紀以降のロマン主義的思潮のなかで徐々に醸成されたものと捉えることができる。

全体主義――個を融解させる緊密な共同体

　ハナ・アーレントが『全体主義の起原』で論じたように，全体主義が形成される際の基本的な前提条件となるのは，近代において「根無し草」的な大衆が発生することである。旧来の社会と異なり，近代社会では，個人の自由が可能な限り尊重されるが，それは逆に言えば，共同体的紐帯が分断され，人々が次第に孤立化するということに他ならない。これに対して全体主義では，強力なカリスマ性を備えた指導者が登場し，彼の意志や世界観に即して，社会を隅々まで統制することが試みられる。そして人々はむしろ，個としての自由を自発的に捨て去り，全体主義の共同体に没入・溶融し，それによって初めて，失われた生の実感を回復するのである。

　本書では，フランツ・アントン・メスマー，ゲオルギー・イワノヴィッチ・グルジェフ，日本のヤマギシ会等，全体主義の傾向を帯びた思想や組織について考察されるが，なかでも中心的位置を占めるのは，ナチズムとオウムのあいだに見られる類縁性である。

　若い頃のヒトラーは，ウィーンで見通しのない生活を送る，根無し草的大衆の一人であった。彼は第一次大戦への参加によってドイツへの愛国心に目覚めるとともに，現在の社会が貧苦と汚辱に塗れている根本的な原因は，ユダヤ人にあると思い込むようになる。ユダヤ人は外来者でありながら，ゲルマン人の社会に「寄生虫」のように潜り込み，その肉体と精神を密かに蝕むのである。ユダヤ人に対するヒトラーの嫌悪と蔑視は，『シオンの賢者の議定書』といった陰謀論の書物によって一層増幅され，それと反比例するかのように，ゲルマン＝アーリア人種が本来「文化創造者」としての卓越した優秀性を備えているという観念が肥大化していった。結果としてナチスは，ゲルマン人の「生存圏」確保とユダヤ人粛清の政策を推

し進め、ドイツの大衆は、その運動に吸収されていったのである。

　教祖の麻原彰晃がヒトラーの賛美者であったことも影響し、オウムの体制には、ナチズムのそれと同種の構造が見られる。麻原は教団において、「最終解脱者」や「キリスト」として神格化され、彼の指導によって「神仙民族」が誕生、最終的には、「真理国」と呼ばれる神聖国家を樹立することが目指された。他方、オウムにおいてもユダヤ陰謀論は頻繁に持ち出され、現在の日本人は、ユダヤ人の策略によって物質的欲望に縛りつけられていると説かれた。そしてオウムは、動物に堕ちた大衆の魂を「救済」するために、かつてナチスが開発した毒ガス・サリンの製造に着手したのである。

原理主義——世界の終末と審判

　原理主義という概念の使用法は、個々の事例に応じて振幅があるが、狭義においては、聖書の『ヨハネ黙示録』に記されたような「最終戦争（ハルマゲドン）」が近い将来に勃発し、それによって現在の国家や社会が転覆され、神の直接的な支配が回復されるという、キリスト教に由来する終末論的思潮を指す。近代のプロテスタンティズムでは、自然科学や聖書学の発達に伴い、厳格なキリスト教信仰が相対化され、リベラルな態度が普及していったが、他方、それに対する反発から、聖書の文字通りの解釈を復興しようとする動きが生まれた。

　原理主義は、20世紀初頭のアメリカで明確な流れとなり、特に第二次大戦後には、テレビ説教師の唱える「ディスペンセーション（神の摂理）」主義や、数々の「終末カルト」の教えを通して、一般にも広まっていった。オウムとの類似性が見られる教団としては、デビッド・コレシュを教祖に掲げたブランチ・ダビディアンがある。コレシュは青年期から聖書の読解に没頭し、自分こそが黙示録に記

された封印を解くメシアであると考えるようになる。同教団は最終戦争に備えて大量の武器を備蓄，1993年には政府と銃撃戦を展開し，最後には施設内に火を放って集団自殺を遂げることになった。

聖書的終末論は，キリスト教徒の少ない日本では，そのままの形式で普及することはなかったが，オカルトの分野の著作を通じ，歪んだ姿で世間に流布していった。なかでも特筆すべきは，五島勉の『ノストラダムスの大予言』シリーズである。五島は，中世フランスの神秘家ノストラダムスの書物を独自に解釈し，1999年に現在の文明が滅亡すると予言した。そして，滅亡を回避するためには，キリスト教に替わる新たな仏教文明を興隆させなければならないと説いたのである。終末への恐怖を煽ることにより，『大予言』シリーズは常にベストセラーとなり続けた。オウムもまた，日本で起こった奇妙な終末論ブームの産物の一つと見ることができるだろう。

現代社会に潜む「死」という空隙

以上の通り本書では，ロマン主義，全体主義，原理主義という三つの潮流からオウムについて分析されるが，そのすべてが実は，「死」の問題と深い関連性を有する。すなわち，ロマン主義は，永遠に存続する不死の真我を，全体主義は，個人の生死を超越した共同体的生命力を，原理主義は，現文明の滅亡と神的ユートピアの樹立を希求することによって生じる幻想的思考法なのである。

麻原彰晃が好んで「人は死ぬ，必ず死ぬ，絶対死ぬ」と語ったように，オウムとは，現代社会の空隙として存在する死の問題を足掛かりとして急成長し，暴走した教団であった。われわれにとってオウム問題とは，究極的には，現代における死のあり方の特殊性や，それを再び公共化する方法について考えることに通じてゆくだろう。

著者略歴

大田俊寛（おおた・としひろ）

1974年生まれ。一橋大学社会学部卒業，東京大学大学院人文社会系研究科基礎文化研究専攻宗教学宗教史学専門分野博士課程修了。博士（文学）。現在は埼玉大学非常勤講師。著書に，『現代オカルトの根源　霊性進化論の光と闇』（ちくま新書），『オウム真理教の精神史　ロマン主義・全体主義・原理主義』（春秋社），『グノーシス主義の思想　"父"というフィクション』（春秋社）がある。

ブックガイドシリーズ　基本の30冊
宗教学

2015年4月20日　初版第1刷印刷
2015年4月30日　初版第1刷発行

著　者　大田俊寛
発行者　渡辺博史
発行所　人文書院
〒612-8447 京都市伏見区竹田西内畑町9
電話 075-603-1344　振替 01000-8-1103
印刷所　創栄図書印刷株式会社
製本所　坂井製本所
装　丁　上野かおる

落丁・乱丁本は小社送料負担にてお取替えいたします

© 2015 Toshihiro OTA　Printed in Japan
ISBN978-4-409-00111-0　C1300

JCOPY 〈(社)出版者著作権管理機構委託出版物〉

本書の無断複写は著作権法上での例外を除き禁じられています．複写される場合は，そのつど事前に，(社)出版者著作権管理機構（電話 03-3513-6969, FAX 03-3513-6979, e-mail: info@jcopy.or.jp）の許諾を得てください．

ブックガイドシリーズ　基本の30冊　既刊

東アジア論　丸川哲史

倫理学　小泉義之

科学哲学　中山康雄

文化人類学　松村圭一郎

政治哲学　伊藤恭彦

メディア論　難波功士

グローバル政治理論　土佐弘之編

日本思想史　子安宣邦編

環境と社会　西城戸誠，舩戸修一編

経済学　根井雅弘編

宗教学　大田俊寛

(四六版ソフトカバー)